Was tun, wenn jemand stirbt?

Ein Ratgeber in Bestattungsfragen

© Verbraucherzentrale Nordrhein-Westfalen e. V., Düsseldorf

20. Auflage, August 2013, 232. – 238.000 Exemplare

ISBN: 978-3-86336-030-6

Printed in Germany

Inhalt

4

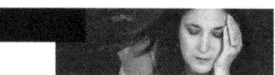

1

Sterben – ein gesellschaftliches Tabu

NICHTS IST GEWISSER ALS DER TOD,
NICHTS UNGEWISSER ALS SEINE
STUNDE.

Anselm von Canterbury (1033-1109),
englischer Philosoph und Theologe

Trauerhalle auf dem Westfriedhof der Adolf-Claren-
bach-Kirchengemeinde Remscheid

Plötzlich und unerwartet?

Sterben gehört zu den Themen, die viele von uns am liebsten meiden. Während in vergangenen Jahrhunderten Geburt und Tod für die meisten Menschen zum Leben unabänderlich dazu gehörten, weil sie im unmittelbaren Umfeld – nämlich in aller Regel zu Hause – stattfanden, erblicken die meisten neuen Erdenbürger heutzutage in Krankenhäusern das Licht der Welt, und dort erlischt auch das Lebenslicht für etwa 70 Prozent der Deutschen.

Anderer Umgang mit dem Sterben

Während Verstorbene früher in den eigenen vier Wänden aufgebahrt wurden und Freunde und Nachbarn dort Abschied nehmen konnten, wollen heute nicht selten selbst nahe Angehörige Sterbende und erst recht den Toten nicht mehr sehen, bevor der Sargdeckel sich für immer schließt. Schwestern und Pfleger in Krankenhäusern kennen den Satz: »Sie rufen aber bitte erst an, wenn er tot ist!«

Die Gründe für diesen Wandel sind vielfältig. Von der jüngeren Generation haben viele seltener einen Toten gesehen als Menschen, die einen Krieg miterlebt haben. Tote als Teil des Krieges war normale, wenn auch grausame Realität. Zudem war ein früher Tod durch viele Krankheiten oder eine hohe Säuglingssterblichkeit vor einem halben Jahrhundert noch ein stärkeres Thema. Heute sieht das anders aus. Wenn überhaupt, nehmen wir den Tod nur dann wahr, wenn ein enger Verwandter stirbt. Da die Familie heute nicht unbedingt zusammen im gleichen Ort lebt, ist auch das dann allenfalls eine Wahrnehmung auf Entfernung.

Ein weiterer Grund für den Wandel ist sicherlich die Angst vor dem eigenen Tod, der zwar irgendwann unabänderlich eintritt, aber durch die Fortschritte der Medizin verzögert wird.

Unsere Lebenserwartung nimmt weiterhin zu. Sie lag nach Angaben des Statistischen Bundesamtes für 2011 geborene Jungen rein statistisch gesehen bei knapp 78 Jahren, für im gleichen Jahr geborene Mädchen bei knapp 83 Jahren – neuere Zahlen lagen bei Redaktionsschluss noch nicht vor. Die Lebenserwartung der Neugeborenen hat sich damit in den vergangenen 130 Jahren mehr als verdoppelt. Dazu trug vor allem der Rückgang der Kindersterblichkeit bei. Außerdem ist in den letzten Jahren die Lebenserwartung älterer Menschen erheblich gestiegen. Ein im Jahr 2011 60-jähriger Mann hatte im Durchschnitt noch eine weitere Lebenserwartung von gut 21 Jahren, eine gleichaltrige Frau von 25 Jahren. Tendenz steigend: Denn die Gesundheitsindustrie verlängert unser Leben mit vielen mehr oder minder teuren Mitteln. Die »jungen Alten« jetten auch mit weit über 70 noch nach Mallorca oder in die Karibik. Wer will zu diesem Zeitpunkt schon daran denken, dass dies vielleicht die (vor)letzte Reise sein könnte.

Auf das eigene Ende angesprochen, wünschen sich viele Menschen einen schnellen Tod; wer will schon gerne leiden? Die Wirklichkeit sieht anders aus. Von den gut 850.000 Menschen, die Jahr für Jahr sterben, verbringen die meisten die letzten Tage, oft sogar Wochen oder Jahre in Heimen und Krankenhäusern, wo manche dem Tod entgegendämmern. »Plötzlich und unerwartet« kommt demnach das Ableben für Verwandte und Freunde selten, so sie überhaupt noch vorhanden sind. Der Tod »passiert« nicht in ein paar Sekunden, wie wir es täglich im Fernsehen erleben, sondern ist oft ein schmerzhafter und langer Prozess.

Doch nur wenige Angehörige setzen sich in einer solchen Zeit des langsamen Ablebens mit dem auseinander, was unabänderlich kommen wird. Was zu tun ist, wenn jemand stirbt, das wussten unsere Vorfahren besser als wir. Sterben gehörte zu den elementaren Lebensereignissen. In bestimmten Regionen Deutschlands gab es das Totenhemd als typisches Geschenk zur Konfirmation, und Mädchen nähten Totenkleider für die Aussteuer. Selbst Särge wurden zu Lebzeiten bestellt – was heute sicher auch noch manch einer von uns gern täte, wenn er ahnen könnte, in welchem Modell er schließlich zu Grabe getragen wird.

Kurzfristig viele Dinge bewältigen

Das Aussuchen des Sarges ist nur eine der Aufgaben, die Hinterbliebene kurzfristig bewältigen müssen. Die Bestattung ist zu organisieren, Verwandte, Freunde und Bekannte sind zu informieren, Formalitäten zu erledigen, und in vielen Fällen soll eine Trauerfeier arrangiert werden. Dies ist ein großer organisatorischer Aufwand, der zudem mit erheblichen finanziellen Belastungen verbunden ist. Nicht wenige Menschen fühlen sich in solch einer seelischen Ausnahmesituation überfordert, nüchterne Entscheidungen zu treffen.

Während früher Freunde und Nachbarn im Todesfall fest vereinbarte Aufgaben hatten, gibt es solche Hilfsgemeinschaften heute fast nur noch in kleineren Gemeinden. Der »Leichenbitter«, der über den Tod und die Beerdigung informierte; die Frauen, die das letzte Hemd nähten; die Freunde als Sargträger: Solche hilfreichen Mitmenschen findet man in der Anonymität der heutigen Zeit, in der nur wenige zu Hause sterben, leider nur noch selten. Zum Schmerz über den Verlust des Angehörigen kommt für die Hinterbliebenen zwangsläufig die Belastung durch

Aufgaben, denen sich viele nicht gewachsen fühlen. Sie übertragen die notwendigen Schritte einem Beerdigungsunternehmer.

Wir wollen in diesem Ratgeber informieren, was beim Todesfall eines Angehörigen zu tun ist, an wen man sich wenden muss oder kann und was dabei im Einzelnen zu beachten ist.

Es kommt viel auf Sie zu, was zu bedenken und zu erledigen ist! Deshalb empfehlen wir Ihnen, unsere Ratschläge nicht erst im Todesfall eines Angehörigen zum ersten Mal zu lesen, sondern sich schon vorher – eventuell auch vor dem Aufsetzen des eigenen Testaments – damit zu beschäftigen.

[ ] Tipp:

Wichtige Hinweise zur Abfassung des letzten Willens enthält auch der Ratgeber »Vorsorge selbstbestimmt« der Verbraucherzentralen (siehe hintere Umschlagseite).

Das Kapitel 6 »Was soll geschehen? – Eine Hilfe für Angehörige« ab Seite 155 richtet sich mit einer Checkliste vor allem an Leserinnen und Leser, die Vorsorge für ihre eigene Bestattung treffen und so ihren Angehörigen eine schwere Zeit etwas erleichtern wollen.

Vorschriften im Wandel

»Von der Wiege bis zur Bahre – Formulare«. Wie vieles in
Deutschland ist auch das Bestattungswesen bis ins Detail
geregelt. Nicht der Bundesgesetzgeber, sondern die Bundesländer sind für Gesetze und Verordnungen zuständig.
Die Bestattungsvorschriften der Länder ähneln sich zwar,
sind aber nicht identisch. So gibt es zum Beispiel in Sachsen das »Sächsische Gesetz über das Friedhofs-, Leichen-
und Bestattungswesen (Sächsisches Bestattungsgesetz)«
zuletzt aktualisiert 2012. Ein vergleichbares Gesetz, in dem
Vorschriften zu Friedhöfen, Leichenschau, Obduktion sowie
Bestattung und Einäscherung zusammengefasst sind, gab
es in Nordrhein-Westfalen bis Ende August 2003 nicht!
Dort behalf man sich bis zu diesem Zeitpunkt noch mit unterschiedlichen Verordnungen und Richtlinien. Doch auch
in Deutschlands bevölkerungsreichstem Bundesland hat
inzwischen das letzte Stündchen für das »Kaiserliche De-
cret über die Begräbniße vom 23. Prairial Jahr XII ...«) (1804)
geschlagen. Ein modernes »Gesetz über das Friedhofs- und
Bestattungswesen« trat im September 2003 in Kraft, eine
Überarbeitung der derzeit gültigen Fassung ist im Gesetz-
gebungsverfahren.

Mehr Freiräume für die Beisetzung gibt es inzwischen in allen Bundesländern. Deren Bestattungsgesetze sind in den
letzten Jahren immer wieder an gesellschaftliche Realitäten
angepasst worden. Das betrifft die Beisetzung vor der Geburt verstorbener Kinder, das Anpassen von Vorschriften
mit Rücksicht auf religiöse Bestattungsriten beispielsweise
von Muslimen oder die Verpflichtung von Lebenspartnern,
sich um die notwendigen Formalitäten zu kümmern. Nachdem Anfang der 2000er-Jahre mehrere Bundesländer die
entsprechenden Gesetze grundlegend überarbeitet hatten,
geht es derzeit vor allem um Novellierungen.

Verwandte zuständig für Bestattung

1

Die staatlichen Vorschriften legen die Verantwortung für die Verpflichtungen, die der Tod auslöst, in die Hände der »nächsten geschäftsfähigen Angehörigen«. Was nichts anderes heißt, als dass in der Regel

---> der Ehegatte,

---> die Kinder,

---> die Eltern,

---> die Geschwister oder

---> der sonstige Sorgeberechtigte (in dieser Abfolge)

für die Bestattung zuständig sind und die Kosten tragen müssen. Gibt es die Erstgenannten nicht (mehr), müssen die Großeltern, die Enkelkinder oder sonstige Verwandte einspringen. Allerdings finden neue Formen des Zusammenlebens inzwischen auch Eingang in gesetzliche Vorschriften über die Bestattung. So stehen im Saarland »die Partnerin/der Partner einer eingetragenen Lebenspartnerschaft« beziehungsweise »die Partnerin/der Partner einer auf Dauer angelegten nichtehelichen Lebensgemeinschaft« an zweiter beziehungsweise dritter Stelle der Aufzählung der Bestattungspflichtigen. In anderen Bundesländern gibt es inzwischen ähnliche Vorschriften. Allerdings kann der Verstorbene auch jemand anderen als »Totenfürsorgeberechtigten« eingesetzt haben. Einem weit verbreiteten Vorurteil soll hier gleich begegnet werden: Wer erbt, muss nicht zwingend die Bestattung zahlen!

Auch wenn Sie zum Verstorbenen schon lange keine Beziehung mehr unterhielten oder im Streit lebten, aber Bestattungspflichtiger sind, gibt es keine Ausnahme von der Regel: Sie müssen sich um die Bestattung kümmern und auch zahlen. Lediglich bei außerordentlich schweren Verfehlungen durch den Verstorbenen Ihnen gegenüber machen Gerichte eine Ausnahme (siehe auch Seite 100).

Trotz der Trauer, die Sie beim Tod eines nahen Verwandten empfinden, müssen Sie sich also – nicht nur aus moralischer, sondern auch aus gesetzlicher Verpflichtung – um das »Verfahren« der Bestattung kümmern. Dazu gehören auch Behördengänge, die Sie am besten – falls nicht von einem Bestatter – von einem Vertrauten erledigen lassen, der dazu in einer besseren Verfassung ist als Sie selbst.

Bei den Vorbereitungen der anschließenden Trauerfeier (siehe Seite 42) sollten Sie sich ebenfalls helfen lassen, da es hier auf nüchterne Entscheidungen ankommt. Es wird viel von Ihnen verlangt: Zum einen haben Sie eine Menge Vorschriften einzuhalten, zum anderen sind Sie gesellschaftlichen Erwartungen ausgesetzt.

Bestatter kennen alle Regeln

Bestatter können Ihnen viele organisatorische Arbeiten abnehmen, falls Sie das wünschen und bereit sind, für diese Dienstleistung zu zahlen. Denn die wissen natürlich, welches Amt zuständig ist, welche Öffnungszeiten es hat, welche Fristen einzuhalten oder welche Urkunden notwendig sind.

Da sich jeder andere für gewöhnlich erst im Todesfall mit Bestattungsfragen auseinandersetzt, fehlt die Routine, die den Umgang mit den Einzelproblemen erleichtern wür-

[ ] Tipp:

Falls der oder die Verstorbene eine Lebens- oder Unfallversicherung hatte, ist auch hier schnelles Handeln erforderlich: Sie müssen das Unternehmen unverzüglich benachrichtigen. Mehr Informationen dazu finden Sie auf Seite 111.

de. Trotzdem ist deren Bewältigung unaufschiebbar und erfordert schnelles Handeln. Nach spätestens 36 Stunden müssen in der Regel Tote in die Leichenhalle überführt werden, frühestens 48 Stunden nach Eintritt des Todes und spätestens innerhalb von 12 Tagen muss in Deutschland ein Leichnam begraben oder ins Krematorium gebracht worden sein. Ausnahmen, zum Beispiel weil weit entfernt lebende oder verreiste Angehörige an der Beerdigung teilnehmen sollen oder möchten, sind auf Antrag möglich und werden bei stichhaltiger Begründung von den zuständigen Ordnungsämtern auch genehmigt. Frühestens 24 Stunden nach Ausstellung des Totenscheins kann in Deutschland eine Bestattung stattfinden.

Kosten kein Beweis für Trauer

Viele Menschen stehen zusätzlich vor dem Problem, dass der Verwandten- und Freundeskreis »angemessene« Trauerfeierlichkeiten erwartet und womöglich vom Aufwand der Bestattung auf die Intensität der Trauer bei den Hinterbliebenen schließt. Bestattungen sind nämlich teuer, und je aufwendiger sie sind, desto höher steigen die Kosten. Dabei setzt sich manch einer allerdings selbst unter Druck und befürchtet »Erwartungen«, die von vielen Teilnehmern der Trauergemeinde gar nicht gehegt werden. Doch es gibt sie natürlich, die »lieben« Mitmenschen, die die Trauergäste in Kirche oder Kapelle genauso zählen wie die Kränze oder die Brötchen beim anschließenden »Leichenschmaus«.

Die Auseinandersetzung mit dem Tod und seinen Folgen ist also nicht nur ein gefühlsmäßiges, sondern für immer mehr Angehörige auch ein großes finanzielles Problem. Dabei schließen sich nüchternes Abwägen bei finanziellen Entscheidungen und Trauer um den Verstorbenen nicht aus, auch wenn dieser Eindruck zum Teil verbreitet ist.

2
Was geschieht im Bestattungsfall?

... ICH WILL GESANG, WILL SPIEL UND TANZ,
WILL, DASS MAN SICH WIE TOLL VERGNÜGT,
ICH WILL GESANG, WILL SPIEL UND TANZ,
WENN MAN MICH UNTER'N RASEN PFLÜGT ...

Jacques Brel, »Adieu Émile«

Zeremonien im Wandel

Für die meisten Angehörigen scheinen die Rituale der Trauer für die Ewigkeit festgeschrieben zu sein. Die Zahl der Hinterbliebenen, die die Bestattungszeremonie weitgehend selbst bestimmen möchten und so Bestattungsroutine durch individuellen Abschied mit eigenen Reden oder selbst gewählter Musik durchbrechen wollen, steigt allerdings an.

Viele junge Menschen können heutzutage mit den überlieferten Bestattungsritualen nicht mehr viel anfangen und suchen eine andere Auseinandersetzung mit dem Tod von Freunden oder Angehörigen.

Disko- und andere Unfälle oder der AIDS-Tod reißen gerade bei 20- bis 30-Jährigen immer wieder Lücken. AIDS-Kranke leben oft ohne Kontakt zu ihren Angehörigen, sodass dann Freunde für die Beerdigung sorgen. Da diese in aller Regel zur gleichen Altersgruppe wie die Verstorbenen gehören, wünschen sie häufig eine dem Leben angepasste Verabschiedung ohne Reden eines Pfarrers oder Grabredners, der den Toten oder die Tote niemals gesehen hatte, geschweige denn kannte.

Hinweis

Damit Sie oder die Personen, die Ihnen beistehen, im Todesfall eines Angehörigen schnell die richtigen Entscheidungen treffen können, haben wir die folgenden Informationen so gegliedert, dass wir das, was Sie zuerst tun müssen, an den Anfang gestellt haben. Wenn Sie sich schnell einen Überblick verschaffen wollen, können Sie sich zunächst die Übersicht auf Seite 52 ansehen.

Eine solche Abkehr von überkommenen Zeremonien ist inzwischen auch in Zusammenarbeit mit vielen Bestattungsunternehmen möglich, die Ihnen bei der Gestaltung einer sehr persönlichen Trauerfeier helfen und Sie beraten.
Auch viele Pfarrer sind inzwischen bereit, auf besondere Wünsche von Angehörigen einzugehen, wenn sie den Rahmen einer kirchlichen Beerdigung nicht sprengen (siehe Seite 44).

Informationen über die Durchführung einer Bestattung, die entsprechenden Vorschriften und Gepflogenheiten erhalten Sie ebenso wie direkte Hilfe und Unterstützung am leichtesten bei einem Bestattungsunternehmer. Allerdings können Sie auch zumindest einen Teil der Aufgaben selbst übernehmen.

Denn sämtliche Formalitäten durch einen Bestatter erledigen zu lassen, übersteigt manchmal die finanziellen Möglichkeiten der Betroffenen. Deshalb sollten Sie sich gut überlegen, was Sie selbst übernehmen können (Beantragung der Sterbeurkunde, Terminabsprachen mit der Friedhofsverwaltung und dem Pfarrer oder Aufgabe der Traueranzeige).

Totenschein und Sterbeurkunde

Tritt der Tod zu Hause ein, so muss **sofort** ein Arzt oder eine Ärztin benachrichtigt werden, damit der Totenschein ausgestellt werden kann. Das wird in der Regel der Hausarzt sein. Der Arzt führt eine Leichenschau durch und stellt danach den Totenschein aus. Falls der Hausarzt nicht erreichbar ist, sollten Sie sich an den ärztlichen Notdienst wenden. Der ist nicht mit dem Notarzt zu verwechseln, dessen Aufgabe es ist, Leben zu retten. Notärzte weigern sich häufig, einen Toten-

schein auszustellen, da sie die Todesursache nicht zweifels-
frei angeben können. Auch manche Bereitschaftsärzte lassen die Todesursache offen und machen den Todesfall damit
zu einem Polizeifall. Das ist rechtlich nicht zu beanstanden.
Doch für die Angehörigen, die mit dem häufig plötzlichen Tod
völlig überfordert sind, ist das eine zusätzliche Belastung. In

Todesursache nicht immer eindeutig

Nach Forschungen des Münsteraner Instituts für Rechtsmedizin
ist fast jede zweite im Totenschein genannte Todesursache
anzuzweifeln. Das bedeutet aber nicht, dass wir uns zu einem
Volk von Mördern entwickelt haben. Die Angabe der falschen
Todesursache liegt vielmehr eher daran, dass mancher Arzt den
bequemen Grund »Herz-« oder »Herz-Kreislaufversagen« be-
scheinigt (rund 42 Prozent der Todesursachen in Deutschland)
und viele alte Menschen nicht an einer bestimmten Krankheit,
sondern am Versagen gleich mehrerer Organe (»multiples
Organversagen«) sterben. Von welchem Organ dann letztlich
die entscheidende Schwächung ausging, an der der Patient verstarb, ist oft auch durch eine Obduktion nur schwer festzustel-
len. Bei etwa 800 bis 1.000 Todesfällen pro Jahr, so schätzen
Fachleute, bleibt unentdeckt, dass jemand nachgeholfen hat.

einigen Fällen, so zum Beispiel bei Freitod oder ungeklärter
Unfallursache, müssen Sie oder der hinzugezogene Arzt
grundsätzlich die Kriminalpolizei einschalten, da die genaue
Todesursache zunächst untersucht werden muss. Arzt oder
Ärztin müssen dies auch dann tun, wenn sie unerklärliche
Verletzungen entdecken. Die Polizei ist in einem solchen Fall
gemäß Strafprozessordnung zur sofortigen Anzeige an die
Staatsanwaltschaft verpflichtet. Zur Bestattung ist dann de-
ren schriftliche Genehmigung erforderlich.

Die Justizminister der Länder wollen zukünftig bei der
Leichenschau mehr Spezialisten einsetzen, um die Zahl
unentdeckter Morde in Deutschland zu reduzieren. Nach
Auffassung der Justizministerkonferenz haben die bisher
für die Leichenschau zuständigen Haus- oder Klinikärzte

oft nicht die Zeit und nicht immer das erforderliche Fach-
wissen, um Fälle von Mord oder Totschlag zu entdecken.
Nach den Plänen müssen Mediziner künftig eine Weiterbil-
dung bei der Ärztekammer vorweisen, um Leichenschauen
durchführen zu können. Im Gegenzug sollen die Ärzte für
die Leichenschau besser bezahlt werden.

Totenscheine werden nicht über die Krankenkasse oder private Krankenversicherung abgerechnet, sondern die Angehörigen müssen dafür aufkommen. Wieviel Geld Ärzte für
den Totenschein einschließlich der vorgeschriebenen Leichenschau in Rechnung stellen dürfen, regelt die Gebührenordnung der Ärzte (GOÄ). Im Normalfall sind dabei nur
die Abrechnung nach Ziffer 100 der GOÄ und ein Wegegeld
erlaubt. Die Ausstellung des Totenscheins kostet damit in
der Regel zwischen 50 und 100 Euro.

In Krankenhäusern, Altenheimen und bei Unfalltod wird
die Ausstellung des Totenscheines häufig ohne Zutun der
Angehörigen veranlasst.

Haben Arzt oder Ärztin den Totenschein ausgestellt, gilt der
nächste Schritt der Sterbeurkunde. Diese muss spätestens
am nächsten Werktag bei dem Standesamt oder Bürgeramt
beantragt werden, in dessen Zuständigkeitsbereich der Todesfall eingetreten ist. Nicht immer ist also das Standesamt
am Wohnort des Verstorbenen zuständig (beispielsweise
beim Tod im Krankenhaus eines anderen Ortes oder nach
einem Verkehrsunfall an einem anderen Ort).

 Tipp:
Manche Kommunen haben ein Antragsformular für die
Erteilung einer Sterbeurkunde ins Internet gestellt, das
Sie direkt am PC ausfüllen und ausdrucken können. Hin-
weise finden Sie in der Regel unter »Bürgerservice« oder
»Lebenslagen«.

Für die Beantragung der Sterbeurkunde müssen außer dem
Totenschein je nach Familienstand folgende Bescheinigun-
gen beim Standesamt vorgelegt werden:

⸱⸱⸱⟩ **Ledige**
⸱⸱⸱⟩ Geburtsurkunde und
⸱⸱⸱⟩ Personalausweis des/der Verstorbenen

⸱⸱⸱⟩ **Verheiratete**
⸱⸱⸱⟩ Heiratsurkunde (Familienstammbuch) und
⸱⸱⸱⟩ Personalausweis des/der Verstorbenen

⸱⸱⸱⟩ **Geschiedene**
⸱⸱⸱⟩ Heiratsurkunde (Familienstammbuch),
⸱⸱⸱⟩ Personalausweis des/der Verstorbenen und
⸱⸱⸱⟩ Scheidungsurteil

⸱⸱⸱⟩ **Verwitwete**
⸱⸱⸱⟩ Heiratsurkunde (Familienstammbuch),
⸱⸱⸱⟩ Personalausweis des/der Verstorbenen und
Sterbeurkunde oder Todeserklärung für den
schon verstorbenen Ehegatten.

Von der Sterbeurkunde werden üblicherweise gleich mehrere kostenfreie Exemplare für das Einwohnermeldeamt des
Wohnorts des Verstorbenen, den Friedhof, die Rentenversicherung oder die Krankenkasse angefertigt. Da Sterbe-
urkunden für die Abwicklung anderer Formalitäten – zum
Beispiel zu Kontoauflösungen – auch gebraucht werden,
sollten Sie gleich ein paar Exemplare mehr ausstellen lassen. Die Kosten können je nach Kommune unterschiedlich
sein, in der Regel werden für das erste weitere Exemplar
10,– Euro und für alle anderen, die gleichzeitig beantragt
und in einem Arbeitsgang hergestellt werden, je 5,– Euro
berechnet. Eine telefonische Beantragung ist nicht möglich.

Totenschein und Sterbeurkunde sind also Voraussetzungen, die eine Bestattung erst ermöglichen: der Totenschein
zur Erlangung der Sterbeurkunde und diese anschließend
zur Bestattung. Beide Urkunden müssen deshalb umgehend besorgt werden.

Vorbereitung der Bestattung

Nachdem diese wichtigsten Dinge erledigt sind, müssen
Sie festlegen, wo und auf welche Art und Weise die Bestattung durchgeführt werden soll. Hat der oder die Verstorbene schon frühzeitig über die eigene Bestattung verfügt,
sind die Hinterbliebenen verpflichtet, diesen Vorstellungen
zu entsprechen. Soweit die Wünsche durchführbar sind,
können durch solche Verfügungen die Entscheidungen der
Hinterbliebenen erleichtert werden. Außerdem wird Streit
zwischen nahen Angehörigen vermieden.

Die Beerdigung beziehungsweise die Einlie-
ferung der Leiche in ein Krematorium muss
– wie bereits erwähnt – je nach Bundesland innerhalb von 5 bis 12 Werktagen nach
dem Tod erfolgen. Ausnahmen bedürfen
der Genehmigung der örtlich zuständigen
Ordnungsbehörden.

Da in Deutschland fast alles durch den
Gesetzgeber geregelt ist, gilt dies natürlich
auch für die letzte Ruhe: »Tote kommen
auf den Friedhof«, was nichts anderes bedeutet als »umfriedeter Hof« (mittelhoch-
deutsch: vrîthof). Der war im Mittelalter
zunächst identisch mit dem Kirchhof, eine
Bezeichnung, die Ältere von uns auch heute
noch benutzen und womit das Gelände rund
um die Kirche gemeint war.

Der »Kirchhof« wird
im Alpenraum – wie
hier in Innichen
in Südtirol – auch
heute noch häufig
für Bestattungen
genutzt.

Die Kirche war Mittelpunkt der Gemeinde, das kirchliche
Begräbnis diente unter anderem dem Ziel, die Seele des
Verstorbenen für Gottes Reich zu bewahren. Da der Platz
begrenzt war und die Menschen jung starben, wurden die

Gräber schnell aufs Neue belegt. Damit dies möglich war, kamen die Gebeine »normaler« Sterblicher nach einiger Zeit ins Gebeinhaus. Nur wer zum Adel oder Klerus gehörte, hatte Anspruch auf »ewige« Totenruhe in seinem Grab. Bedingt durch die Reformation und auch durch die problematischen hygienischen Bedingungen auf den immer wieder neu belegten Kirchhöfen wurden später die Begräbnisstätten außerhalb der Kirchenmauern und manchmal auch außerhalb des Dorfes gelegt. Ende des 18. Jahrhunderts konzipierte man Friedhöfe erstmals als Landschaftsgärten.

Friedhöfe in großen Städten wie Ohlsdorf in Hamburg oder Melaten in Köln sind heute grüne Oasen inmitten des rauschenden Verkehrs. Denn ihre Mauern sind durch das Wachstum der Städte längst in diese zurückgekehrt.

»Tote kommen auf den Friedhof.« Was früher selbstverständlich war, bedarf heute der Differenzierung. Sicherlich gilt dieser Satz auch in unserer Zeit für die meisten Verstorbenen. Doch als letzte Ruhestätte wünschen sich immer mehr Menschen nicht mehr die übliche Grabstätte, sondern die offene See, einen Platz im Wald unter einem Baum oder gar den Weltraum. Auch die körperliche Bestattung im Sarg ist nicht mehr selbstverständlich gefragt; die Zahl der Urnenbeisetzungen ist in den letzten Jahren im gesamten Bundesgebiet stark angestiegen.

Als erste Frage zur Vorbereitung der Beerdigung ist deshalb die Bestattungsform zu klären. Man unterscheidet hier folgende Möglichkeiten:

···} Erdbestattung (siehe Seite 23),
···} Feuerbestattung (siehe Seite 26),
···} Seebestattung (siehe Seite 29),
···} Luft- und Flugbestattung (siehe Seite 32) und
···} anonyme Feuer- oder anonyme Erdbestattung
        (siehe Seite 33).

Bestattungsform auswählen

Von den genannten Bestattungsformen wird die Feuerbestattung mit knapp 50,5 Prozent inzwischen bundesweit
am häufigsten gewählt, die Zahl der Erdbestattungen ist
auf 49,5 Prozent zurückgegangen – mit starken regionalen
Schwankungen und steigender Tendenz für die Urnenbeisetzung. Hauptsächlich gibt es dafür zwei Gründe:

┄┄⟩ die Kosten und

┄┄⟩ die Grabpflege

Die Kosten für die einzelnen Bestattungsformen sind unterschiedlich. Das betrifft nicht nur die Kosten der Bestattung
selbst, sondern auch die häufig über Jahre anfallenden
Folgekosten. Ehe Sie sich für eine Form entscheiden, sollten Sie bedenken, dass Gräber über viele Jahre gepflegt
werden müssen und dass, je nach Bestattungsform, später
unterschiedliche Anforderungen an die Hinterbliebenen
entstehen können.

So kann es beispielsweise eine körperliche Überforderung
für ältere Menschen sein, eine größere Gruft zu pflegen.
In vielen Fällen ist eine Grabpflege durch Hinterbliebene
kaum möglich, weil sie mehrere hundert Kilometer entfernt
wohnen. Zwar kann man die Pflege einem Friedhofsgärtner
übertragen, allerdings sind die regelmäßigen Kosten dafür
nicht zu vergessen. Die Pflege eines kleinen Urnengrabes
ist nicht nur einfacher, sondern auch billiger.

Die Erdbestattung

Unter Erdbestattung wird die Beisetzung eines Leichnams
in einem Erdgrab verstanden. Diese Bestattung war im
christlich geprägten Kulturkreis über viele Jahrhunderte

die einzige Bestattungsform. Die Kosten hängen unter anderem von der Größe und Lage des Grabes oder der Grabstätte ab. Auf fast allen Friedhöfen besteht eine Entscheidungsmöglichkeit zwischen einem

····> **Reihengrab** und einem
····> **Wahlgrab.**

Bei **Reihengräbern** – die durchweg Einzelgräber sind – haben Sie keinen Einfluss auf die Lage des Grabes auf dem Friedhof, da die Beisetzungsfelder von der Friedhofsverwaltung festgelegt und die nachfolgenden Gräber der Reihe nach angeschlossen werden (deshalb die Bezeichnung Reihengrab).

Wenn Sie sich für ein **Wahlgrab** entscheiden, können Sie – sofern verfügbar – Lage und Größe (das heißt, die Zahl der Grabstellen) des Grabes bestimmen. Falls die Friedhofsverwaltung Plätze frei hat, können Sie entscheiden, ob ein Grab an einem Hauptweg, nahe einem günstig gelegenen Eingang oder auch in der Nähe von Grabstätten anderer Angehöriger liegen soll.

Häufig unterscheiden sich die Felder für Wahlgrabstätten nach Umgebung und Lage, sodass möglicherweise auch besondere Wünsche, zum Beispiel nach einem Waldgrab, berücksichtigt werden können. Erwirbt man bei einem Todesfall gleich eine Grabstätte mit mehreren Stellen (zwei oder mehr), steigen die Kosten entsprechend, weil jede einzelne Stelle berechnet wird. Gleiches gilt bei eventuell notwendigen Verlängerungen der Nutzungsdauer. Unabhängig von der tatsächlichen Belegung der Stellen werden auch hier die Gebühren erneut für die gesamte Grabstelle fällig. Überlebt beispielsweise bei einem Ehepaar, das sich für ein gemeinsames Grab entschieden hat, ein Ehepartner den anderen um 20 Jahre, bleibt die zweite Grabstelle in einem Doppelgrab eventuell für die gesamte Nutzungsdauer ungenutzt. Sie muss jedoch bezahlt werden.

Beim Tod Ihres Partners beziehungsweise Ihrer Partnerin, mit dem oder der Sie kein Trauschein verbindet, sollten Sie sich vor dem Erwerb eines mehrstelligen Grabes darüber informieren, ob Sie selbst später einmal in diesem Grab beerdigt werden dürfen. Es gibt auch heute (leider) immer noch Friedhofssatzungen, die das ausschließen.

> **Hinweis**
>
> Falls Sie planen, später einen Grabstein errichten zu lassen, müssen Sie bereits bei der Auswahl der Grabstätte darauf achten, ob sie sich in einem Feld mit besonderen Gestaltungsvorschriften befindet. Falls dies so ist, sind Art und Größe des Steins genau vorgeschrieben (siehe Seite 131).

Während man auf Deutschlands größtem Friedhof Hamburg-Ohlsdorf eine Wahlgrabstätte bereits zu Lebzeiten »erwerben« kann, war das bisher auf vielen anderen Friedhöfen nur selten möglich. Die Verwaltungsentscheidung war in der Regel nachvollziehbar, wenn man bedenkt, dass die Flächen für Friedhöfe begrenzt sind. Schließlich weiß niemand, wieviel Zeit auf Erden ihm noch bleibt. Inzwischen gibt es aber bei vielen Friedhöfen die Möglichkeit, sich die Wahlgrabstätte schon zu Lebzeiten auszusuchen, da häufig Ruhefristen nicht verlängert werden und viele Grabstellen frei sind und nicht mehr gepflegt werden. Es gibt auch Gemeinden, in denen eine »Grabreservierung« zwar möglich, aber an ein bestimmtes Mindestalter – zum Beispiel 65 oder 70 Jahre – geknüpft ist. Sollten Sie Interesse an einer Reservierung haben, fragen Sie bei der Friedhofsverwaltung (Friedhofs- oder Gartenamt der Kommune, Kirchengemeinde) nach. Bedenken sollten Sie allerdings, dass Sie damit auch zumindest die Verpflichtung zur Pflege übernehmen.

Obwohl immer wieder von Grabkauf gesprochen wird, erwerben Sie lediglich das **Nutzungsrecht** für einen bestimmten Zeitraum, beispielsweise für 20 oder 30 Jahre. Nach Ablauf dieses Zeitraumes besteht bei Wahlgräbern die Möglichkeit, die Nutzungsdauer zu verlängern, bei Reihengräbern in aller Regel jedoch nicht. Wahl- und Reihengrab unterscheiden sich außerdem durch die Höhe der zu entrichtenden Grabnutzungsgebühren, wobei Wahlgräber fast überall teurer sind als Reihengräber, da sie oft nicht nur größer sind, sondern die Ruhefrist häufig auch fünf oder zehn Jahre länger ist (siehe Seite 73). Auf manchen Friedhöfen werden inzwischen auch wieder »ewige« Grabstätten mit Ruhezeiten von bis zu 99 Jahren vergeben.

Die Feuerbestattung

Mit Feuerbestattung bezeichnet man die Verbrennung (Einäscherung) des Verstorbenen im Sarg und spätere Beisetzung der Asche in einer Urne. Auch in diesem Fall kann in einem Reihengrab bestattet oder eine Grabstätte (Urnenwahlgrab) ausgewählt werden. Wie bei der Erdbestattung gelten auch hier die Preisunterschiede für Reihen- und Wahlgräber, wobei der Erwerb des Nutzungsrechtes an Urnengräbern allerdings wegen der kleineren Fläche im Regelfall weniger kostspielig ist und auch die anschließende Pflege weniger Geld kostet.

Die Feuerbestattung wird heute von den beiden großen christlichen Konfessionen gleichermaßen anerkannt, sodass jedem die freie Wahl der Bestattungsform bleibt. So heißt es in den 2009 veröffentlichten Leitlinien der (katholischen) Deutschen Bischofskonferenz (Die kirchliche Begräbnisfeier, Pastorale Einführung. Nr. 6): »In Erinnerung an den Tod und das Begräbnis Jesu empfiehlt die Kirche nachdrücklich als vorrangige Form die Bestattung des Leichnams. Sie verbietet allerdings die Feuerbestattung

nicht, sofern diese nicht aus Gründen gewählt wird, die
dem christlichen Glauben widersprechen.«

Vor allem in Norddeutschland und in den ostdeutschen
Bundesländern entscheiden sich traditionell viele Menschen für die Einäscherung. Je weiter man in der Republik
nach Süden beziehungsweise Westen kommt, desto größer
ist der Anteil der körperlichen Bestattungen, vermutlich zunächst aus religiösen, inzwischen jedoch eher aus traditi-
onellen Gründen. Allerdings steigt auch hier in den letzten
Jahren die Zahl der Urnenbestattungen stark an.

Für die Feuerbestattung müssen neben der Sterbeurkunde
eine **schriftliche Willenserklärung** des nächsten Angehörigen oder eine Verfügung, die der Verstorbene selbst
erstellt hatte, vorgelegt werden. Außerdem bedarf es einer
Unbedenklichkeitsbescheinigung der Polizei auch bei
natürlichem Tod. Liegt eine Verfügung des Verstorbenen

Geschichte der Feuerbestattung

Feuerbestattungen sind möglich, seit August Friedrich
Siemens (1826–1904) im Jahr 1874 einen »Ofen zur Leichen-
verbrennung durch hocherhitzte, atmosphärische Luft« er-
fand. 1878 erlaubte Thüringens Landesfürst Ernst II. den Bau
des ersten deutschen Krematoriums in Gotha. Inzwischen
werden in Deutschland etwa 160 Feuerbestattungsanlagen
durch Kommunen oder private Eigentümer betrieben.

nicht vor und gibt es darüber Streit unter den Angehörigen,
ist beispielsweise in Baden-Württemberg gemäß § 32 des
Bestattungsgesetzes nur eine Erdbestattung möglich, falls
ein Gericht nicht kurzfristig anders entscheidet.

Vor der Einäscherung findet in den meisten Bundesländern
im Krematorium eine zweite Leichenschau statt. Damit soll
sichergestellt werden, dass Verbrechen in jedem Fall auf-

gedeckt werden. Denn Experten haben schon seit langer Zeit Zweifel daran, dass das, was auf dem Totenschein als Todesursache vermerkt ist, in jedem Fall auch die Ursache war (siehe auch Seite 18). Sie glauben, dass mindestens 800 bis 1.000 Tötungsdelikte pro Jahr nicht aufgedeckt werden. Beim Aufkommen von Verdachtsmomenten kann man körperlich Bestattete exhumieren und auch nach Jahren noch Tötungen nachweisen. Ist der Leichnam jedoch verbrannt, ist dies nicht mehr möglich.

Kleine Gemeinden verfügen fast nie über ein eigenes Krematorium, deshalb sollten Sie beachten, dass die Überführung des Verstorbenen in die nächste Großstadt zusätzliche Kosten verursacht. Die Überführungskosten in Spezialfahrzeugen werden nach Kilometern abgerechnet.

Während in den vergangenen Jahren die Zeit zwischen Trauerfeier zur Einäscherung und Urnenbestattung bis zu zwei Wochen betragen konnte, gibt es heute kaum noch Wartezeiten. In der Regel dauert es nicht länger als vier Tage, bis dem Bestatter die Aschenkapsel ausgehändigt wird. Einige der etwa 160 Krematorien im Bundesgebiet arbeiten sogar im Mehrschichtbetrieb und sind allenfalls zur Hälfte ausgelastet. Die Bestattungsunternehmer wissen, auf welche Zeit Sie sich einstellen müssen.

Es gibt keinen Ortszwang für Einäscherungen. Die letzte Reise kann auch ins Ausland gehen. In Grenznähe zu den Niederlanden oder Tschechien bieten Bestatter auch den Transport ins und die Trauerfeier im Nachbarland an. Allerdings entstehen dann möglicherweise höhere Überführungskosten, die beispielsweise in Tschechien durch die wesentlich niedrigeren Kremierungskosten wieder aufgefangen werden. Es gibt Bestatter, die Sammeltransporte für Särge im neutralen Klein-Lkw ins Nachbarland organisieren. Und es gibt auch Bestatter, die Besichtigungstouren im Autobus zum Krematorium jenseits der Landesgrenze anbieten!

Die Seebestattung

Bei der Seebestattung wird nach der Einäscherung eine
Urne mit der Asche dem Meer übergeben. Die Urnen für
eine Seebestattung müssen aus Materialien gefertigt sein,
die sich schnell im Meerwasser auflösen, damit sie nicht
durch Fischer mit Grundnetzen wieder ans Tageslicht be-
fördert werden können. Sie werden mit Sand oder Steinen
beschwert, um ein Aufschwimmen zu verhindern. Die Seebestattung, früher nur bei Seeleuten möglich, ist heute
eine Bestattungsform, für die sich jeder entscheiden kann.
Etwa 10.000 Seebestattungen werden pro Jahr in Deutschland vorgenommen.

2

Allerdings benötigen Sie in einigen Bundesländern (zum
Beispiel Bayern) für eine Seebestattung eine **Ausnahme-
genehmigung**. Ihr Bestatter stellt für Sie den Antrag mit der
Angabe von stichhaltigen Gründen, warum der oder die Verstorbene seebestattet werden wollte. Das Antragsverfahren
wird vereinfacht, wenn Verstorbene schon zu Lebzeiten
handschriftlich unter Angabe von Ort, Datum, Unterschrift
und einer Begründung festgehalten haben, dass sie eine
Seebestattung wünschen. Außerdem ist es angebracht,
sich wie bei der Patientenverfügung die Erklärung von mindestens einer anderen Person bestätigen zu lassen, weil so
Zweifel an der Echtheit des Dokuments vermieden werden.

Die Urnen werden – auch ohne Anwesenheit von Angehörigen – nach einer kurzen Zeremonie außerhalb der
Dreimeilenzone ins Meer abgesenkt. Die Stelle, an der die
Beisetzung erfolgte, wird im Schiffstagebuch schriftlich
festgehalten. Die Angehörigen bekommen auf Wunsch
später einen Ausschnitt der Seekarte, auf der der Ort genau markiert ist, falls nicht eine anonyme Seebestattung
gewünscht wird. Wenn Angehörige an der Bestattung
teilnehmen, spricht man von einer »begleiteten Seebestattung«. Nehmen keine Angehörigen teil, ist das eine

»stille Seebestattung«. Bei einer stillen Seebestattung werden in der Regel mehrere Urnen dem Meer übergeben. Nehmen die Angehörigen teil, wird zumeist nur eine Urne mitgenommen, und Kapitän wie Besatzung nehmen die Bestattung meist in Uniform vor. Ein Einholen und Hissen der Flagge, musikalische Untermalung und das Blasen der Bootsmannspfeife sind oft verwendete Rituale. Nach einer kurzen Ansprache wird die Urne im Meer versenkt. Da das Übergeben von Kränzen mit Schleifen und Blumengebinden aus Umweltschutzgründen verboten ist, werden häufig einzelne Blumen oder Blütenblätter als letzter Gruß gestreut, während das Schiff eine Ehrenrunde um das Seegrab fährt und sich dann mit drei Signaltönen von der Bestattungsposition verabschiedet.

Eine Seebestattung ohne Angehörige kostet 1.250 bis 2.500 Euro, mit Angehörigen kann der doppelte Betrag fällig werden. Bei einem Kostenvergleich sollten Sie unbedingt prüfen, ob die Kosten für Sarg, Überführung und Kremierung zusätzlich berechnet werden.

Möglicherweise findet sich gerade in kleineren Gemeinden nicht so schnell ein Bestattungsunternehmen, das mit Seebestattungen vertraut ist. Deshalb sollten Sie schon zu Lebzeiten entsprechende Erkundigungen einholen, falls Sie für sich selbst eine solche Bestattung wünschen. Seebestattungen werden von einigen Reedereien durchgeführt, inzwischen werden auch Urnen vom Hubschrauber aus ins Meer abgesenkt (siehe auch Flugbestattung).

Dabei ist es nicht nur möglich, die Urne vor Borkum der Nordsee oder vor den Kreidefelsen Rügens der Ostsee übergeben zu lassen, auch ein Begräbnis in der Adria oder im Atlantik wird inzwischen angeboten. Französische Seebestatter verstreuen auf Wunsch auch die Asche im Meer. Seebestattungen in Binnengewässern – wie beispielsweise dem Bodensee – wird es zumindest in Deutschland

allerdings in naher Zukunft nicht geben. In der Schweiz ist
eine Bestattung im Bodensee zwar auch nicht gestattet,
allerdings dürfen Angehörige die Asche Verstorbener im
See verstreuen. Das Ausbringen von Urnen ist verboten.In
Niederösterreich wird inzwischen auch eine Flussbestat-
tung der Asche in der Donau angeboten.

Die Seebestattung entbindet die Angehörigen von allen
Folgekosten und -aufwendungen für Grabpflege. Falls Sie
für sich selbst eine solche Bestattung wünschen, sollten
Sie vorher unbedingt mit Ihren Angehörigen darüber reden.
Denn es kann für die Hinterbliebenen auch von Bedeutung
sein, die letzte Ruhestätte des Verstorbenen in erreichba-
rer Nähe zu haben. Trauer braucht für viele Menschen einen
Ort, an dem sie trauern können und sich dem Verstorbenen
nahe fühlen.

Tipp:

**Weitere Informationen – auch über spezielle Anbieter
von Seebestattungen – finden Sie im Internet, wenn
Sie in Suchmaschinen den Begriff »Seebestattung«
eingeben.**

Allerdings sind im Bereich von Nord- und Ostsee von un-
terschiedlichen Häfen aus Gedenkfahrten möglich. Einige
Seebestattungsreedereien bieten nach vorheriger Anmel-
dung auch Fahrten zu den Koordinaten einer vorherigen
Seebestattung an. Auf alle Fälle sollten Sie sich vor der
Entscheidung für eine Seebestattungsreederei nach der
Möglichkeit und den Kosten einer Gedenkfahrt erkundigen.

Die Luft- oder Flugbestattung

Der fehlende Trauerort ist auch bei einer Luft- oder Flugbestattung zu bedenken. Für alle Personen, die sich der
Luftfahrt besonders verbunden fühlten, wird eine **Luft-
bestattung** angeboten. Hierbei wird nach der Kremierung
die Asche des Verstorbenen im grenznahen Gebiet in
Frankreich oder in Tschechien von einem Ballon aus verstreut. In Deutschland ist ein Verstreuen von Asche – falls
überhaupt – derzeit noch nur innerhalb von Friedhöfen
zulässig. Diese Form der Beisetzung ist etwa so teuer wie
eine Seebestattung.

Die **Flugbestattung** ist eine Kombination aus der Luft- und
der Seebestattung, dabei wird nach der Einäscherung die
Asche von einem Helikopter oder Kleinflugzeug über der
Nordsee nach einer kurzen Zeremonie ausgestreut.

Angehörige können – wenn sie sich für diese Bestattungsarten entscheiden – sowohl im Ballon mitfahren als auch
im Hubschrauber mitfliegen. Da Ballonfahrten nur unter
bestimmten Wettervoraussetzungen möglich sind, ist eine
große zeitliche Flexibilität und schnelle Erreichbarkeit des
Startplatzes Voraussetzung.

Für die **Weltraumbestattung** ist ebenfalls eine Feuerbestattung notwendig. Nach der erfolgten Einäscherung wird
ein sehr kleiner Teil der Asche in eine spezielle kleine Urne
abgefüllt. Diese Urne wird zusammen mit anderen Urnen mit
einer Rakete in den Weltraum geschossen. Da nicht jedes
Weltraumprogramm dafür geeignet ist, müssen Sie sich auf
längere Wartefristen einstellen. Die Kosten liegen je nach
Menge der Asche und nach Raketenziel zwischen 5.000 und
25.000 Euro! Wobei von »Menge« bei 1 bis 10 Gramm eigentlich keine Rede sein kann.

Die restliche Asche wird konventionell beigesetzt. Das heißt, die Angehörigen können sich für eine Bestattung auf einem Friedhof oder auf See entscheiden. Falls Sie sich für eine Weltraumbestattung interessieren, finden Sie mehr Infos dazu im Internet.

2

Die anonyme Bestattung

Die anonyme Bestattung ist meist eine Feuerbestattung mit anschließender Urnenbeisetzung auf einem Gemeinschafts- feld, ohne dass Einzelgrabstätten oder Grabbeete auf die Verstorbenen hinweisen. In manchen Städten ist auch eine anonyme Sargbestattung möglich. Anonyme Gräber liegen unter Rasen und werden von der Friedhofsverwaltung ge- pflegt. Es gibt Friedhofsverwaltungen, die Gemeinschafts- denkmäler oder Gedenktafeln als Hinweis auf die Besonder- heit dieser Stätte errichten, andere verzichten im Sinne der Anonymität auch hierauf.

Bei dieser aus Skandinavien stammenden Bestattungsart werden der Zeitpunkt und die Stelle der Beisetzung in der Regel selbst den nächsten Angehörigen nicht bekannt gegeben, da hierin ein Widerspruch zum Prinzip dieser Bestattungsart gesehen wird. Nur die Friedhofsverwaltun- gen halten zur Kontrolle die notwendigen Daten in ihrem Archiv fest. Grabschmuck wie Blumen oder Grablichter auf solchen Bereichen sind nicht gestattet, sie werden in aller Regel umgehend durch die Friedhofsmitarbeiter entfernt.

Anonyme Bestattungen im Trend

In vielen Regionen Deutschlands steigt die Zahl der ano- nymen Beisetzungen. Ihr Anteil an den insgesamt durch- geführten Bestattungen schwankt jedoch von Stadt zu

Stadt erheblich; manche Gemeinden erfassen die Zahlen gar nicht. Nach Angaben des Amtes für Statistik Berlin-Brandenburg wurden 2009 etwa 40 Prozent der in Berlin Verstorbenen in anonymen Gräbern beigesetzt. Bundesweit dürfte die Quote nach Schätzungen derzeit zwischen 5 und 10 Prozent liegen. Auch bei dieser Bestattungsform gibt es – ähnlich wie bei der Feuerbestattung – ein Nord-Süd-Gefälle. Vor allem in Norddeutschland entscheiden sich viele Menschen dafür, um ihre Angehörigen von der Grabpflege zu »entlasten«. Zudem haben viele ältere Alleinstehende niemanden mehr, der 20 oder 30 Jahre lang die Pflege des Grabes übernehmen kann oder will. Angesichts steigender Altersarmut gibt es allerdings auch rein finanzielle Gründe für die Wahl dieser Bestattungsform, weil viele Menschen glauben, dass eine anonyme Bestattung generell die preisgünstigste Art der Beisetzung ist. Dies ist jedoch nicht immer Fall.

Auch für die anonyme Beisetzung gilt: Die Trauer braucht einen Ort. Falls Sie für sich selbst eine solche Bestattungsform in Erwägung ziehen, sollten Sie deshalb – wie bei einer geplanten Seebestattung – vorher mit nahen Angehörigen darüber reden und Ihren Wunsch zudem schriftlich festhalten. Auch wenn Ihr Partner Ihrem Wunsch zustimmt und ihn gar für sich selbst äußert, heißt das nicht, dass dies nach Ihrem Tod auch noch so ist. Es gibt nicht wenige Menschen, die vor einer grünen Wiese stehen und sich fragen, wo die Urne der oder des Verstorbenen liegt.

Allerdings gibt es in immer mehr Kommunen auch einen Mittelweg: die »halbanonyme« Bestattung beziehungsweise Bestattung in Gemeinschaftsgräbern mit Gestaltungselementen. Die Verstorbenen ruhen nicht in erkennbar abgegrenzten Einzelgräbern, sondern auf einem bestimmten Friedhofsareal. An einer oder mehreren Stellen innerhalb dieses Bereichs wird – wie das Bild vom Hauptfriedhof in Neuss zeigt – ein großer Grabstein oder eine Stele errichtet, auf der neben den Namen auch Geburts- und Sterbejahr verzeichnet sind und an denen an Gedenktagen Blumen abgelegt werden können. Eine ähnliche Form ist die Beisetzung in Gemeinschaftsfeldern ohne Pflegeverpflichtung, die beispielsweise die evangelischen Kirchengemeinden in Lünen anbieten. Die Gräber auf dem Gemeinschaftsfeld sind lediglich mit einer Namensplatte versehen. Der Rasen wird von der Friedhofsgärtnerei gemäht. Die einmaligen Kosten sind zwar etwas höher als bei einer »normalen« Bestattung, dafür entfallen aber weitere Folgekosten.

In Berlin bemüht sich die »Friedhof Treuhand« dem Trend zur anonymen Bestattung mit einem besonderen Angebot gegenzusteuern: der »Ruhegemeinschaft«. In alten Gräbern, die zum Beispiel wegen wertvoller Grabdenkmäler erhalten werden sollen, werden je nach Größe 20 bis 40 Urnen beigesetzt. Friedhofsgärtner setzen Pflanzen auf das Grab und pflegen es 20 Jahre. Nähere Informationen finden Sie unter www. ruhegemeinschaft.de.

2

Namensstele auf Gemeinschaftsgräbern mit Gestaltungselementen in Neuss

Vorschriften der Friedhofswahl

Grundsätzlich können Sie den Ort einer Bestattung auswählen, sofern die gesetzlichen Bestimmungen berücksichtigt werden, zum Beispiel eine Bestattung auf einem Friedhof oder im Meer in jeweils dafür vorgeschriebenen

»Behältnissen«. Allerdings gibt es gewisse Einschränkungen bei der Auswahl eines Friedhofes: Manche Stadtgebiete sind in sogenannte Bestattungsbezirke eingeteilt. Für die Bestattung ist dann der Friedhof zuständig, in dessen Bezirk der Verstorbene seinen letzten Wohnsitz hatte. Selbstverständlich kann auch auf anderen Friedhöfen bestattet werden, wenn ein Nutzungsrecht für eine Grabstätte auf diesem Friedhof vorliegt. In vielen Kommunen können Sie davon ausgehen, dass von einer Bezirksregelung Ausnahmen gemacht werden können und dass bei wichtigen Gründen die Friedhofsverwaltungen verhandlungsbereit sind.

Hinweis

Kirchliche Friedhöfe sind üblicherweise für Angehörige der eigenen Konfession reserviert. Ausnahmen werden allenfalls bei gemischt-konfessionellen Ehepaaren gemacht, damit die Partner im Tod nicht getrennt werden.

So gibt es schließlich die Möglichkeit der Bestattung in einer anderen Stadt, wenn beispielsweise der Verstorbene auswärts wohnte, die Angehörigen aber noch in der ehemaligen Heimatstadt leben. Allerdings erheben manche Kommunen Zuschläge für die Beerdigung Auswärtiger – eine Praxis, die gerichtlicher Überprüfung Stand gehalten hat! Fremdenverkehrsorte müssten sonst wahrscheinlich besonders große Friedhöfe anlegen, da so manche Urlauber dort beerdigt werden möchten, wo sie immer wieder die schönsten Wochen des Jahres verbracht haben. Es gibt Kommunen, die einen Zuschlag von bis zu 50 Prozent für die Bestattung Verstorbener berechnen, die weder Einwohner der Stadt waren, noch früher dort gewohnt haben.

Die Überführungskosten zu einem anderen Ort haben die Angehörigen zu tragen. Den Beerdigungsunternehmen stehen für solche Fälle spezielle Fahrzeuge zur Verfügung,

die teilweise auch mit gesondertem Personenabteil aus-
gerüstet sind. Für die Überführung gibt es gesetzliche Vorschriften, die den Transport von Leichen aus hygienischen
Gründen nur in speziell eingerichteten und ausschließlich
für diesen Zweck verwendeten Fahrzeugen erlauben. Für
den Transport über die Grenzen hinweg gibt es ein interna-
tionales Abkommen.

2

Keine Urne auf der Fensterbank?

Besonderen Wünschen nach dem Ort der letzten Ruhe außerhalb von Friedhöfen wird in der Bundesrepublik bisher
kaum stattgegeben. Ausnahmegenehmigungen sind zwar
in manchen Landesbestimmungen vorgesehen, allerdings
werden sie außerordentlich selten erteilt. Die Beisetzung
im Park hinter dem Haus ist damit ebenso unzulässig wie
das Verstreuen der Asche auf einem Berg in den Alpen.

Das, was im benachbarten Ausland erlaubt und durchaus
üblich ist, wird wohl auch weiterhin in den meisten Bundesländern restriktiv gehandhabt werden. Bisher darf die
Asche Verstorbener in der Regel nur an Träger von Friedhöfen oder an »Bestattungspflichtige« versandt werden,
denen die Beisetzung der Asche außerhalb des Friedhofs
genehmigt wurde. Mit Beisetzung ist ausdrücklich nicht die
Aufbewahrung im Haus gemeint. Sinn dieser Vorschrift ist
es, die Totenruhe sicherzustellen.

Diese Regelung ist und bleibt wohl umstritten. Von Geg-
nern der Beisetzungspflicht wird argumentiert, dass die
seit 1934 geltende Vorschrift vor allem der Strafrechts-
pflege dienen sollte. Man wollte Tötungsdelikte so auch
nach Jahren durch die Untersuchung der Asche aufdecken
können. Doch solche Untersuchungen kommen so gut wie
nicht vor, da Nachweise aus der Asche kaum möglich sind.
Und auch die Asche in Urnen, die auf See bestattet werden,

kann nach der Versenkung ins Meer nicht mehr untersucht werden.

Klagen gegen die Bestattungspflicht von Urnen auf Friedhöfen haben in der Regel keinen Erfolg. Da Krematorien im Ausland nicht an deutsche Gesetze gebunden sind, wird beispielsweise in den Niederlanden die Urne nach einer Ruhefrist von 30 Tagen auf Wunsch an Angehörige ausgehändigt. Ob die Urne dann nach Deutschland transportiert wird, kontrolliert meist niemand, was letztendlich in manchen Fällen dazu führen kann, dass die Deckelvase auf der Fensterbank eigentlich keine ist. Geahndet wird dies hier als Ordnungswidrigkeit, die mit einer Geldbuße belegt werden kann.

Das Bestattungsgesetz von Nordrhein-Westfalen erlaubt es Krematorien, das Behältnis mit der Totenasche Hinterbliebenen und deren Beauftragten auszuhändigen (§ 15, Abs. 5), allerdings nur zum Zweck der Beisetzung auf einem Friedhof. Der Bundesverband Deutscher Bestatter e. V. sah deshalb in einer Stellungnahme »einen würdigen Umgang mit der Totenasche und die Wahrung der Totenruhe« nicht sichergestellt. Auch die christlichen Kirchen waren gegen eine Aushändigung der Urne an Hinterbliebene. In Schleswig-Holstein dürfen den Hinterbliebenen gemäß § 18 des Bestattungsgesetzes Urnen mit Totenasche zum Transport überlassen werden, wenn dem Krematorium eine Beisetzungsmöglichkeit am Bestimmungsort nachgewiesen wird. Nach der Bestattung ist dem Krematorium die erfolgte Beisetzung der versiegelten Urne nachzuweisen! Wie die Ordnungsbehörden mit diesen Vorschriften zukünftig umgehen werden, ist offen.

Lediglich Bremen will zukünftig unter bestimmten Bedingungen die Aufbewahrung von Urnen im Privatbereich bis zu zwei Jahren erlauben. Danach muss die Asche beigesetzt oder auf speziellen Streuwiesen verteilt werden.

Bestattung unter Bäumen

Realistischer ist da der Wunsch nach der letzten Ruhestätte unter einem großen Baum. Beerdigungen unter einem Blätterdach haben inzwischen einen Antel von etwa 5 Prozent. Im Saarland kann man die letzte Ruhe auch im nicht eingezäunten Wald finden, der als Friedhof ausgewiesen ist.

2

Die Idee des »FriedWalds®« stammt aus den 1990er Jahren und kommt aus der Schweiz. Interessenten können einen Baum in freier Natur pachten, unter dem sie nach dem Tod in einer kompostierbaren Urne bestattet werden. Das Abholzen des Baums ist für 99 Jahre ausgeschlossen.

Schild mit den Namen der Verstorbenen, deren Asche unter diesem Baum beigesetzt wurde, im RuheForst Wildenburger Land.

Inzwischen gibt es in Deutschland (außer in Sachsen und Thüringen) 46 solcher Friedwälder und 54 »RuheForste®«, die nach einem etwas anderen Konzept betrieben werden. Beide Unternehmen teilen sich etwa zwei Fünftel des Bestattungswald-Geschäfts. Da die Namen markenrechtlich geschützt sind, darf die Bezeichnung nicht überall genutzt werden. Wegen der Markenrechtsproblematik wählen Kommunen, die ähnliche Angebote vorhalten, Namen wie Bestattungswald, Friedhofswald, Friedpark oder Parkfriedhof. Inzwischen gibt es vereinzelt auch solche Friedhöfe in kirchlicher Trägerschaft. Die Bestattung unter Bäumen ist inzwischen in fast allen Bundesländern möglich. Allerdings ist sie in Sachsen und Thüringen auf Friedhöfe beschränkt, zu denen Friedwälder und Ruheforste wegen der fehlenden

Abgegrenzheit nicht zählen. Informationen zu den Kosten für die letzte Ruhe im Grünen finden Sie auf Seite 91.

Aschestreufelder

In Berlin, Brandenburg, Mecklenburg-Vorpommern, Thüringen und Nordrhein-Westfalen ist man schon weiter als in den anderen Bundesländern. Die Totenasche kann auf einem besonderen Feld des Friedhofs verstreut werden. In Nordrhein-Westfalen können allerdings die Angehörigen des Verstorbenen eine solche Entscheidung nicht treffen. Dafür ist eine testamentarische Verfügung des Verstorbenen notwendig. Die Asche kann dort auch außerhalb eines Friedhofes verstreut oder beigesetzt werden, falls der Verstorbene dies so verfügt hat. Es müssen allerdings die Totenwürde am Beisetzungsort gewährleistet und der Ort öffentlich zugänglich sein.

Ob Aschestreufelder auf kommunalen Friedhöfen in Deutschlands bevölkerungsreichstem Bundesland eingerichtet werden sollten, darüber ist in vielen Kommunen heftig gestritten worden. Vor allem in Großstädten ist die Friedhofssatzung entsprechend angepasst worden. Im Zweifel fragen Sie bei den zuständigen Stellen (Garten- oder Friedhofsamt, Ordnungsamt) nach.

Überführung und Grabstelle

Haben Sie sich für einen Friedhof entschieden und verstarb der Angehörige in der Wohnung eines natürlichen Todes, können Sie nach der Festlegung der Bestattungsart die Überführung des Verstorbenen direkt zum Friedhof veranlassen. Wenn Sie bis zu diesem Zeitpunkt noch keinen

Sarg aussuchen konnten, kann für die Überführung ein
einfacher Leihsarg verwendet werden; die Einsargung des
Leichnams geschieht dann in der Leichenhalle oder beim
Beerdigungsunternehmer. Viele Unternehmer verfügen
über spezielle Tragen, die den Transport durch enge Trep-
penhäuser oder in Aufzügen ermöglichen. Wer will schon
einen Sarg aus dem achten Stock ins Erdgeschoss tragen?

2

Das Waschen des Verstorbenen können die Angehörigen
oder der Bestatter übernehmen. Jetzt müssen Sie auch entscheiden, wie der Tote gekleidet werden soll: in ein Totenhemd oder in eigene Garderobe. Die Einkleidung können Sie
selbst vornehmen oder dem Bestatter überlassen.

Bitte beachten Sie, dass aus Gründen des Umweltschutzes
darauf geachtet wird, dass nichts im Sarg aus »Plastik« ist.
Totenhemd oder Totenbekleidung sollen aus natürlichen
Materialien wie Wolle, Baumwolle oder Seide sein, die mit
der Zeit verrotten. Eine Feuerbestattung in der Bekleidung
des Toten ist in der Regel nicht möglich.

Die bis hier beschriebene Reihenfolge können Sie auch
ändern, wenn Sie Wert darauf legen, dass man den Verstorbenen sofort in den Sarg bettet, in dem er bestattet wird.
Dann müssen vor der Überführung ein Sarg (für Erd- oder
Feuerbestattung) im Lager des Bestattungsunternehmers
oder im Katalog ausgesucht sowie die Sargausstattung
(Kopfkissen und Decke) festgelegt werden, die es in verschiedenen Ausführungen und Preisen gibt.

Bei Feuer- oder Erdbestattung in Wahlgräbern muss dann
noch eine Grabstelle ausgesucht werden. Bei der Friedhofsverwaltung können Sie Wünsche hinsichtlich der Lage
des Grabes anmelden und eine Grabstelle – eventuell nach
Besichtigung – auswählen.

Über das Nutzungsrecht der Grabstelle wird ein Vertrag geschlossen, in dem die Anzahl der Stellen, der Zeitraum des Nutzungsrechts und etwaige Gestaltungsvorschriften vereinbart werden. Die Dauer der möglichen Nutzung unterscheidet sich von Kommune zu Kommune, aber manchmal auch innerhalb einer Stadt. Sie ist abhängig von der Bodenbeschaffenheit der Friedhöfe, die wiederum Einfluss auf die Verwesungsdauer hat. Nutzungszeiträume für Urnengräber sind häufig kürzer als für Erdgräber.

Trauerfeier organisieren

Nach der Überführung des Verstorbenen zum Bestatter oder in die Leichenhalle kann der Zeitpunkt der Bestattung festgelegt werden. Die **Termine für die Bestattungen** vergeben in der Regel die Friedhofs- und Krematoriumsverwaltungen. Schalten Sie einen Bestatter ein, übernimmt dieser die Terminabsprache, sodass Ihnen der Zeitpunkt nur noch mitgeteilt wird. Die meisten Bestatter klären auch die Termine mit den Pfarrämtern für den Trauergottesdienst und die Bestattung ab und stellen auf Wunsch einen Kontakt zum Pfarrer oder einem freien Redner her.

Bei **eigenständiger Terminabwicklung** und gewünschtem kirchlichen Begräbnis benachrichtigen Sie selbst den Pfarrer, um ihm den Beisetzungstermin mitzuteilen und mit ihm den Trauergottesdienst festzulegen. Doch Vorsicht: In den letzten Jahren sind viele Kirchengemeinden wegen Pfarrer- oder Priestermangels oder auch schlichtweg aus Geldmangel zusammengelegt worden, sodass Seelsorger häufig für mehrere Gemeinden zuständig sind. Folglich haben Geistliche einen vollen Terminkalender. Die Terminfestlegung bedarf deshalb oft einiger Telefonate mit allen Beteiligten.

Mit dem Pfarrer können Sie gleichzeitig auch besprechen, wann ein persönliches Gespräch über den Verstorbenen und über die Form des Gottesdienstes und des Begräbnisses beziehungsweise der Urnenbeisetzung stattfinden kann.

In Zeiten, in denen die beiden großen christlichen Konfessionen mit Kirchenaustritten zu kämpfen haben, nimmt natürlich auch die Zahl der kirchlichen Beerdigungen ab. Obwohl so mancher kurz vor seinem Tod diesen Schritt bereut und gerne vom Pfarrer auf den Gottesacker begleitet werden möchte, kann dies schwierig werden, wenn der Tote kein Kirchenmitglied (mehr) war. So erklärt beispielsweise die Evangelische Kirche in Deutschland auf ihren Internetseiten: »Wer aus der Kirche austritt, erklärt damit, dass er auf eine kirchliche Trauerfeier verzichtet. Stattdessen kann ein Redner eine Trauerfeier durchführen. Die Kosten für den Redner müssen Sie selbst bezahlen, und die Bestattung gilt dann nicht als kirchliche Bestattung. Wenn Sie als Angehörige Trost suchen, können Sie sich selbstverständlich an Ihren Pastor oder Ihre Pastorin wenden.« Allerdings findet sich dort im Glaubens-ABC auch der Hinweis: »Die kirchliche Bestattung von Verstorbenen, die keiner christlichen Kirche angehörten, kann ... im Ausnahmefall geschehen, wenn die evangelischen Angehörigen den Wunsch nach einer kirchlichen Bestattung äußern und wichtige seelsorgerliche Gründe dafür sprechen.«

Die Deutsche Bischofskonferenz nimmt in einer ihrer Publikationen ebenfalls deutlich Stellung: »Wenn eine bestimmte Bestattungsform aus Gründen gewählt wird, die dem christlichen Glauben widersprechen, zum Beispiel aus pantheistischen oder naturreligiösen Vorstellungen, dann ist ein kirchliches Begräbnis nicht möglich. Dies schließt in diesen Fällen eine kirchliche Feier zur Verabschiedung vor der Kremation, zur Beisetzung der Urne und auch die Feier der Begräbnismesse (Exequien) aus. Insbesondere wenn Verstorbene eine Verfügung hinterlassen haben, die ein kirchliches Begräbnis unmöglich macht, muss dieser Wunsch ernst genommen werden, auch wenn die Trauernden sich eine christliche Form der Begräbnisfeier wünschen.«

Anders als bei uns gibt es in der Schweiz eine kirchliche Bestattung Ausgetretener gegen Bezahlung. Dort werden von einigen reformierten Kirchengemeinden zwischen 1.000 und 2.000 Franken (rund 815 bis 1.630 Euro) für eine »Abdankung« Konfessionsloser berechnet. Dabei geht es weniger ums Geschäft als um Gerechtigkeit denjenigen gegenüber, die viele Jahre Kirchensteuer bezahlen. Auch die katholische Kirche kennt das Problem, setzt aber eher auf freiwillige Zahlungen.

Falls Sie für konfessionslose Angehörige eine kirchliche Bestattung wünschen und selbst Kirchenmitglied sind, sollten Sie zunächst einmal mit dem zuständigen Pfarrer reden.

Auf einigen Friedhöfen in kommunaler Trägerschaft können inzwischen auch Menschen nicht-christlichen Glaubens nach deren Riten bestattet werden (siehe auch Seite 62).

Feier mitgestalten

Während in der Vergangenheit Trauerfeiern einem festen Ritus unterlagen, gibt es heute auch bei kirchlichen Begräbnissen Einflussmöglichkeiten für die Angehörigen. So wird auch von den meisten Pfarrern akzeptiert, dass manche Angehörige keine Lieder wünschen, dass ein Angehöriger ein Musikstück spielt und andere Dinge mehr. Allerdings wird der Wunsch, mit »Time to say goodbye«, »Tears in Heaven« oder »Candle in the wind« statt mit einem Kirchenchoral oder wenigstens mit dem Requiem von Mozart verabschiedet zu werden, bei manchem Kirchenvertreter mehr als nur ein Stirnrunzeln hervorrufen.

2

Falls Sie keine kirchliche Beerdigung wünschen, können Sie einen freien Redner beauftragen, die Trauerrede zu halten. Beerdigungsunternehmer haben in aller Regel deren Anschrift und kümmern sich auch um eine Verpflichtung. Die Qualität der Rednerinnen und Redner ist sehr unterschiedlich, nicht anders als bei kirchlichen Rednern. Die Kosten sind es übrigens auch. Mit einem Preis zwischen 150 und 300 Euro zuzüglich Fahrtkosten müssen Sie rechnen. Falls Sie selbst nach Rednern suchen wollen, werden Sie eventuell bei der Bundesarbeitsgemeinschaft Trauerfeier e. V. im Internet unter www.batf.de fündig.

Viel persönlicher ist es allerdings, wenn Sie selbst, Verwandte oder Freunde ein paar Worte zum Abschied sagen und den Verstorbenen würdigen. Das will aber gut organisiert sein: Musikstücke müssen ausgesucht werden, die Reihenfolge der Redner muss bestimmt und zumindest grob abgesprochen werden, wer was sagt. Außerdem sollte unbedingt vorab die Dauer jeder Rede festgelegt werden.

All dieses kostet für die, die aktiv werden, gerade bei einem nahen Angehörigen oder Freund sehr viel Kraft, hilft aber auch, ganz persönlich Abschied zu nehmen.

»Ein letzter Gruß«

Seit Menschengedenken ist Blumenschmuck in allen Kulturen und den meisten Ländern bei Trauerfeierlichkeiten ein Zeichen der Wertschätzung für den Verstorbenen.

Blumen sind nicht nur Schmuck – sie sind auch Hoffnung, Trost und Zuversicht für die Hinterbliebenen. Der Blumenschmuck auf dem Sarg und in der Trauerhalle ist als letzter Gruß zudem Ausdruck der persönlichen Beziehung zum Verstorbenen.

Kränze und Sargschmuck sollten Sie nach Möglichkeit bei dem Blumengeschäft bestellen, in dem Sie auch sonst einkaufen. Da man Sie dort kennt, wird man sich viel Mühe geben, Ihre besonderen Wünsche zu erfüllen. Viele Blumengeschäfte halten Fotos von Kränzen und Sarggestecken bereit, sodass Sie eine Orientierungshilfe bekommen oder die eigenen Ideen vervollständigen können.

Falls Sie bestimmte Blumen wünschen, kann es sein, dass diese erst beim Großhändler bestellt oder auf dem Blumengroßmarkt beschafft werden müssen. Bitte bedenken Sie außerdem, dass das Bedrucken der Kranzschleifen etwas Zeit erfordert; auch deshalb sollten Sie spätestens zwei, besser jedoch drei Tage vor der Beerdigung die Bestellung aufgeben. Falls Sie einen Kranz oder Blumen für einen Friedhof in einer anderen Stadt bestellen wollen, können Sie dies in einem Geschäft an Ihrem Wohnort tun oder sich auch direkt an ein Unternehmen am Beerdigungsort wenden. Allerdings ist dann in der Regel eine Bestätigung der telefonischen Absprachen per Fax oder eine sofortige Überweisung des Rechnungsbetrags notwendig.

Die Kosten für Kränze und Sargschmuck sind nicht nur regional verschieden, sondern richten sich natürlich auch nach Größe und Blumenwahl – Sommerblumen im Winter sind entsprechend teuer, falls überhaupt erhältlich. Mit 110 bis 200 Euro für einen normal großen Kranz ohne Schleife (circa 70 Zentimeter Durchmesser) müssen Sie bei Selbstabholung oder bei Anlieferung bis zum nächsten Friedhof rechnen. Ein Gesteck schlägt mit 35 bis 95 Euro zu Buche. Kranzschleifen werden mit 15 bis 25 Euro berechnet. Inzwischen können Sie Gestecke und Kränze auch online ordern. Kondolenzsträuße gibt es ab 35, Gestecke ab 65 Euro, und Kränze kosten je nach Größe 170 bis 210 Euro. Zwar finden sich auch vereinzelt billigere Angebote, allerdings fast ohne Blumenschmuck. Bitte beachten Sie die Lieferzeit von drei Tagen!

2

Spenden statt Blumen

Häufig sieht man in Todesanzeigen, dass »anstatt zugedachter Kranzspenden im Sinne des Verstorbenen um eine Spende« für eine gemeinnützige Organisation gebeten wird. Diese Organisationen geben nach der Beerdigung eine Liste der Spender an die Angehörigen. Dabei wird die Höhe der einzelnen Spende meist nicht genannt; lediglich die Gesamtsumme wird mitgeteilt. Falls Sie um Spenden bitten wollen, vergessen Sie nicht, die Organisation, die die Spenden erhalten soll, vorab darüber zu informieren! Gerade bei überregional tätigen Spendenempfängern weiß man dort sonst nicht, wohin man die entsprechende Liste senden soll. Manche Organisationen bieten auf ihrer

Deutsches Zentralinstitut für soziale Fragen (DZI)

Falls Sie sich über die Seriosität einer um Spenden werbenden Institution informieren wollen, können Sie dies beim Deutschen Zentralinstitut für soziale Fragen (DZI) tun. Im Internet finden Sie unter www.dzi.de → Spenderberatung ausführliche Porträts mit Einschätzungen über rund 260 Organisationen, die das DZI Spenden-Siegel tragen sowie über regelmäßig nachgefragte Organisationen ohne Siegel.

Website Informationen zur Vorgehensweise. Die Spender selbst erhalten in der Regel eine Spendenbescheinigung, falls der Betrag 200 Euro übersteigt und die Organisation

als gemeinnützig anerkannt ist, sodass die Spende steuerlich geltend gemacht werden kann. Bis zu dem Betrag von
200 Euro ist die Spende nur mit dem Überweisungsbeleg
ohne Spendenquittung steuerlich absetzbar.

Die Anschriften der Spender werden von manchen Organisationen in die eigene Kartei aufgenommen, und diejeni-
gen, die anlässlich einer Beerdigung gespendet haben,
werden dann mehr oder weniger regelmäßig um weitere
Spenden angegangen. Auch wenn diese Organisationen die
Spenden nicht für sich behalten, sondern damit eine durchaus sinnvolle Arbeit finanziert wird, ist dieses Verfahren für
die Spender, die im Sinne eines verstorbenen Angehörigen
oder Freundes gespendet haben, außerordentlich ärgerlich.
Hinterbliebene, die ein solches Vorgehen vermeiden möchten, sollten dies vorab der Organisation mitteilen und sich
die Einhaltung ihrer Forderung schriftlich zusichern lassen.

Totenbriefe und Traueranzeigen

Stehen alle Termine fest, können die **Totenbriefe** bei der
Druckerei oder beim Bestattungsinstitut in Auftrag gege-
ben werden. Zwar haben Bestatter und Druckereien meist
Beispielexemplare; in der Aufregung gibt es aber oft Ent-
scheidungsschwierigkeiten bei der Formulierung, sodass
Sie sich am besten schon zu Hause den Wortlaut des
Textes überlegen. Text und Gestaltung von Totenbrief und
Traueranzeige müssen nicht identisch sein. Wegen der ho-
hen Kosten können Anzeigen eine Kurzfassung des Briefs
sein. So können Sie beispielsweise auf die Nennung aller
Angehöriger verzichten und stattdessen eine Formulierung
wie »... im Namen aller Angehörigen« wählen.

Auch wenn Sie Angst davor haben, als naher Angehöriger
am Grab viele Hände schütteln zu müssen, bewahrt Sie
die Bitte »Von Beileidskundgebungen am Grab bitten wir

Abstand zu nehmen« nicht davor. Falls möglich, gehen Sie
dann einfach selbst vom Grab weg und bitten eventuell
einen Verwandten stehen zu bleiben.

Vermeiden sollten Sie in Traueranzeigen auch die Auffor-
derung, »von Kondolenzbesuchen abzusehen«. Diese Sitte
ist inzwischen fast überall aus der Mode gekommen. Und
auch der Satz in Anzeigen »Sollte jemand aus Versehen
keine Anzeige erhalten haben, bitten wir diese als solche
zu betrachten« ist nicht mehr zeitgemäß. Zudem erhöhen
sich dadurch die Kosten für die Anzeige.

Vorab sollten Sie sich einen Überblick über die benötigte
Anzahl der Karten verschaffen. Die Briefumschläge für die
Karten nimmt man nach dem Beratungsgespräch mit dem
Bestatter sinnvollerweise gleich mit nach Hause, damit die
Adressen schon geschrieben und die Umschläge frankiert
werden können.

Die Erfahrung zeigt, dass in der ersten Aufregung die Zahl
der zu druckenden Briefe manchmal zu niedrig angesetzt
wird. Deshalb sollten Sie mindestens 15 Briefe mehr drucken lassen, als Sie zu benötigen glauben. Der Mehrpreis
ist sehr gering. Gleiches gilt für die Auflage von Sterbe-
bildern oder Totenzetteln, die in manchen Gegenden während des Trauergottesdienstes verteilt oder Danksagungen
beigelegt werden. Für 50 Trauerbriefe müssen Sie Kosten
zwischen 70 und 100 Euro, für 50 Sterbebilder zwischen
35 und 50 Euro kalkulieren.

Spätestens jetzt sollten Sie auch eine Traueranzeige in
Ihrer örtlichen Tageszeitung aufgeben. Auch diese Aufgabe übernimmt auf Wunsch das von Ihnen beauftragte
Bestattungsunternehmen. Mit welchen Kosten Sie dafür
rechnen müssen, erfahren Sie ab Seite 96. In letzter
Zeit sind in Tageszeitungen ab und zu Anzeigen zu sehen,
die vollflächig mit Fotos oder Zeichnungen hinterlegt sind.

Häufige Folge: Der Text ist nur schlecht lesbar. Gerade ältere Menschen mit Sehschwächen haben damit Probleme. Da das Druckverfahren von Zeitungen sich vom Druck der Totenbriefe unterscheidet, sind vom Bestatter vorgelegte Muster kein Maßstab für die Druckqualität!

Im manchen Gegenden ist es üblich, ein Foto des Verstorbenen in die Anzeige zu setzen. Verlage berechnen das nicht extra. Teurer sind dagegen Farbanzeigen, die inzwischen vereinzelt zu sehen sind.

Danksagungen verschickt man drei bis vier Wochen nach der Beerdigung (siehe Seite 129).

Kondolenzliste

Gerade bei Beerdigungen mit vielen Trauergästen verliert man schnell den Überblick, wer das letzte Geleit gegeben hat. Zudem gibt es Menschen, die zwar in die Trauerhalle oder die Kirche kommen, jedoch nicht mit zum Grab gehen. Einige Bestatter legen deshalb am Eingang der Trauerhalle eine Kondolenzliste – eine Art Gästebuch – aus. Neben dem Erinnerungswert hat dies auch einen praktischen Nutzen: Sie wissen, wem Sie mit einer persönlichen Karte für die Anteilnahme danken können. Allerdings können Sie nicht davon ausgehen, dass sich alle Trauergäste eintragen. Gerade ältere Leute unterschreiben häufig nicht, weil sie die Brille nicht dabei haben oder sich der zitternden Hand schämen.

Vorsicht: Langfinger

Damit Langfinger sich nicht an der »Erbschaft« beteiligen, sollten Sie zum Zeitpunkt der Beerdigung eine Person Ihres Vertrauens bitten, die Wohnung zu hüten. Auch Einbrecher lesen Todesanzeigen und räumen dann in Seelenruhe die

Wohnung aus. Da Ganoven davon ausgehen können, dass sich die Wohnungsinhaber und die Nachbarn auf dem Friedhof aufhalten, ist das Risiko gering, entdeckt zu werden. Falls Sie niemanden finden, fragen Sie beim Bestatter nach. Der hat möglicherweise Kontakt zu einer Haushüteragentur, die diesen Service gegen Bezahlung übernimmt.

2

Bewirtung der Trauergäste

Wollen Sie die Trauergäste nach der Bestattung bewirten, ist ein geeignetes Lokal auszuwählen. Den Termin reservieren Sie telefonisch, noch bevor die Totenbriefe in Auftrag gegeben werden; dann können die Einladungen gleich berücksichtigt werden, entweder über einen Hinweis im Totenbrief oder durch separate Einladungskarten, die Ihnen manche Gaststätten kostenlos zur Verfügung stellen. Welche Speisen und Getränke den Trauergästen serviert werden, können Sie mit dem Wirt absprechen, wenn alle weiteren Formalitäten erledigt sind.

Generell gilt: Üppige Bewirtungen sind kein Maßstab für die Trauer. Je nach Tageszeit sollten Sie jedoch überlegen, was gereicht wird. Eine Tasse Suppe findet besonders an kalten Tagen und in der Mittagszeit sicher mehr Anklang als ein Stück Kuchen. Zögern Sie nicht, zum Beispiel über den Ausschank von Alkoholika eindeutige Vorgaben zu machen. Zwar ist sicher nichts dagegen einzuwenden, wenn nach einem Begräbnis im Winter auch ein Schnaps angeboten wird, aber schon mancher Leichenschmaus ist zum Ärger naher Angehöriger dank erheblichen Alkoholgenusses der Trauergemeinde in eine lustige Feier ausgeartet. Anders sollten Sie nur dann entscheiden, wenn die oder der Verstorbene frei nach dem 1978 verstorbenen Chansonsänger Jacques Brel gewünscht hat,

> *»... ich will Gesang, will Spiel und Tanz, will, dass man sich wie toll vergnügt, ich will Gesang, will Spiel und Tanz, wenn man mich unter'n Rasen pflügt ...«*

Übersicht: Bestattungsvorbereitungen

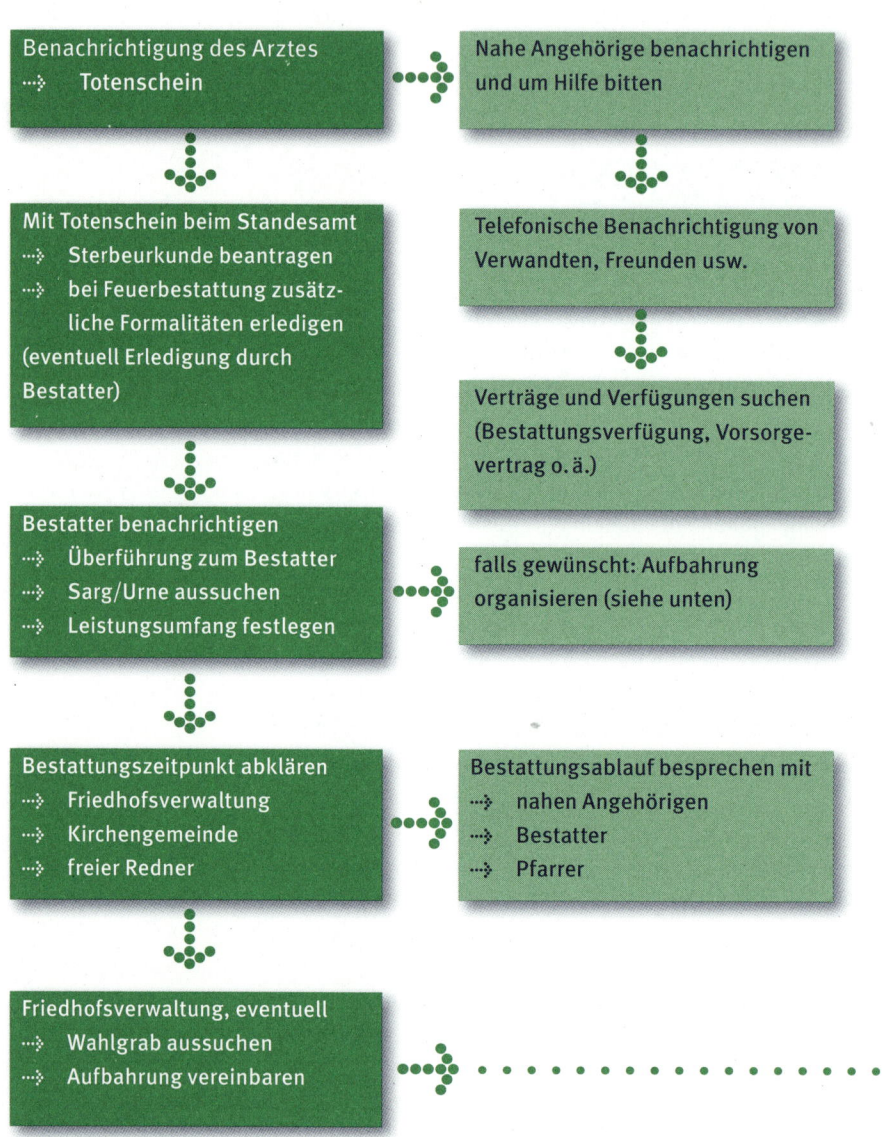

Benachrichtigung des Arztes
···→   Totenschein

Nahe Angehörige benachrichtigen
und um Hilfe bitten

Mit Totenschein beim Standesamt
···→   Sterbeurkunde beantragen
···→   bei Feuerbestattung zusätz-
        liche Formalitäten erledigen
(eventuell Erledigung durch
Bestatter)

Telefonische Benachrichtigung von
Verwandten, Freunden usw.

Verträge und Verfügungen suchen
(Bestattungsverfügung, Vorsorgevertrag o. ä.)

Bestatter benachrichtigen
···→   Überführung zum Bestatter
···→   Sarg/Urne aussuchen
···→   Leistungsumfang festlegen

falls gewünscht: Aufbahrung
organisieren (siehe unten)

Bestattungszeitpunkt abklären
···→   Friedhofsverwaltung
···→   Kirchengemeinde
···→   freier Redner

Bestattungsablauf besprechen mit
···→   nahen Angehörigen
···→   Bestatter
···→   Pfarrer

Friedhofsverwaltung, eventuell
···→   Wahlgrab aussuchen
···→   Aufbahrung vereinbaren

2

Lebens-/Unfallversicherung
⋯⋗ Benachrichtigung (Fristen!)

Gaststätte
⋯⋗ Reservierung
⋯⋗ Bewirtungsabsprachen
⋯⋗ Kostenrahmen

Druckerei beauftragen
⋯⋗ Totenbriefe
⋯⋗ Sterbebilder/Totenzettel
⋯⋗ Umschläge vorab mitnehmen

Todesanzeige aufgeben
⋯⋗ Text und Termin festlegen
⋯⋗ Größe aussuchen
⋯⋗ Preis nennen lassen

Blumengeschäft
⋯⋗ Kranz/Kranzschleife
⋯⋗ Sarggesteck
⋯⋗ Schmuck in Trauerhalle

Die Kosten der Bestattung

VORÜBER! ACH, VORÜBER!
GEH, WILDER KNOCHENMANN!
ICH BIN NOCH JUNG, GEH, LIEBER!
UND RÜHRE MICH NICHT AN.

Matthias Claudius,
»Der Tod und das Mädchen«

Teures Sterben?

»Nichts ist umsonst, noch nicht einmal der Tod«, lästert der Volksmund über zum Teil horrende Kosten für eine Beerdigung. Schon »einfache« Beerdigungen schlagen mit 2.500 bis 4.000 Euro zu Buche. Im Schnitt geht man von gut 5.000 Euro aus. Begräbniskosten von mehr als 10.000 Euro kommen heutzutage durchaus vor.

Zwar werden ältere Menschen, die sich Sorgen um die Kosten machen, von nahen Angehörigen immer wieder damit beruhigt, dass »noch jeder unter die Erde gekommen ist«, doch die Sorgen haben bei manchen Menschen angesichts immer weiter steigender Preise und Gebühren durchaus ihre Berechtigung.

Um einen Eindruck von den anfallenden Ausgaben zu bekommen, sollten Sie sich all die Kostenbereiche vergegenwärtigen, die bei einer Bestattung von Bedeutung sein können:

····⟩ Das sind zunächst einmal private Kosten für Trauerkleidung, Todesanzeige, Totenbriefe, Blumen beziehungsweise Kränze und die Bewirtung nach der Beisetzung (siehe auch Seite 96).

····⟩ Hinzu kommen die Kosten für den Bestattungsunternehmer für die Erledigung von Formalitäten, das Waschen, Einkleiden und Überführen der Leiche oder den Kauf des Sarges (siehe Seite 58).

····⟩ Nicht zu vernachlässigen sind auch kommunale Abgaben wie Grabnutzungsgebühren und Bestattungsgebühren (siehe Seite 73).

····⟩ Und nach der Beerdigung kommen Kosten für Grabpflege und eventuell für einen Grabstein auf Sie zu (siehe Seite 134).

Preiswerte Bestattungen heute noch möglich

Schon diese grobe Übersicht verdeutlicht, dass die Gesamtkosten von individuellen Entscheidungen der Hinterbliebenen abhängig sind. Nicht alle Kosten sind unvermeidbar. Es gibt nur wenige ausgabenrelevante Dinge, die gesetzlich vorgeschrieben sind. Diese Vorschriften beinhalten gewisse Anforderungen an den Transport von Leichen, an die Verwendung von Särgen und die Beschaffenheit sowie die Maße der Särge.

Ob man aber einen Bestattungsunternehmer einschaltet oder nicht (auch heute noch kann man – wie bereits erwähnt – eine Bestattung zumindest zum Teil selbst abwickeln), die Angehörigen nach der Bestattung bewirtet, die Trauerhalle benutzt, einen »geschnitzten« oder einen schlichten Sarg kauft, all dies ist individuell zu entscheiden.

Individuelle Gestaltungsmöglichkeiten und damit unterschiedlicher finanzieller Aufwand sind ein Grund dafür, dass es so schwierig ist, einen genauen Überblick über die Bestattungskosten zu geben. Bei näherer Betrachtung findet man aber noch viel mehr Gründe, die eine Kostenschätzung erschweren.

So gibt es bei den Bestattungsunternehmern in Deutschland, wie in anderen Dienstleistungsbereichen auch, preiswerte und weniger preiswerte Anbieter. Die Festlegung der Preise für seine Dienstleistungen oder auch Produkte (zum Beispiel Särge) obliegt dem einzelnen Bestattungsunternehmer; insofern können erhebliche Preisdifferenzen auftauchen. Darüber hinaus steigen die Kosten natürlich mit dem Umfang der in Anspruch genommenen Dienstleistungen.

3

Kosten Bestattungsunternehmer

In aller Regel wird die komplette Abwicklung der Beisetzung einem der knapp 3.800 Bestattungsunternehmer in Deutschland übertragen. Die kümmern sich, wenn Sie wollen, schlichtweg um alles, nehmen Ihnen die Formalitäten mit der Kommune ab, bestellen die Trauerfeier in der Kirche, sorgen für einen Beerdigungstermin, übernehmen den Transport des Toten, verkaufen Sarg und Totenkleid, lassen die Trauerbriefe drucken oder drucken sie selbst, schalten die Anzeige in der Tageszeitung, sorgen für das Schmücken von Kapelle und Grab – falls dies nicht schon die Gemeinde macht –, besorgen einen Bus für die Fahrt zwischen Kirche und Friedhof, kümmern sich um die Hinterbliebenenrente und rechnen schließlich auch mit Versicherungen ab. Und manche sorgen – wie beispielsweise die Städtische Bestattung München – auch dafür, dass Haus oder Wohnung am Tag der Bestattung nicht unbeaufsichtigt bleiben und schicken auf Wunsch geschultes Bewachungspersonal. Das ist ein Komplettservice, der seinen Preis hat.

Gewinnorientiertes Gewerbe

Insbesondere die »Abwicklung der Formalitäten« ist während des großen Schmerzes über den Verlust eines Menschen für die Betroffenen eine große Hilfe. Natürlich muss man nicht alles einem Bestatter übertragen. Wenn Sie zumindest einiges selbst oder durch Freunde erledigen lassen wollen, können und sollten Sie dies tun.

Preisvergleiche lohnen sich nicht nur im Leben, sondern auch »darüber hinaus«. Doch während viele Menschen beim Kauf von Auto, Kleidung oder anderen Dingen

überlegen, vergleichen und erst
dann entscheiden, werden beim
Tod eines nahen Angehörigen
Vergleichsangebote von mehreren
Bestattungsunternehmen am Ort
kaum eingeholt. Das machen sich
einige – wenn auch nicht alle – Bestatter zunutze, die sich ihren Job
gut honorieren lassen.

Bei Bestattungsunternehmen handelt es sich in der Regel um reine
Handels- und Dienstleistungs-
geschäfte. Den Schreiner, der
Särge in Eigenproduktion herstellt
und zudem ein Bestattungsinstitut
betreibt, finden Sie nur noch in
kleineren Orten. Die Konzentrati-
on hat auch vor diesem Gewerbe
nicht Halt gemacht. Zwar sind viele
Unternehmen nur an einem Ort ansässig, doch gibt es inzwischen auch Großunternehmen, die bis zu 250 Niederlas-
sungen betreiben, ohne dass dies für Sie erkennbar wird,
da aufgekaufte Unternehmen oft unter dem alten Namen
weiterbetrieben werden.

Bestattungsunternehmen sind in aller Regel Privatunter-
nehmen. Kommunale Bestatter gibt es noch in etwa
20 deutschen Städten u. a. in Dresden, München, Nürnberg
und Stuttgart, allerdings haben sie kein Monopol wie
einstmals die »Bestattung Wien GmbH«, die als Tochterunternehmen der Stadtwerke als einzige in Österreichs
Hauptstadt die Toten unter die Erde bringen durfte. Inzwischen gibt es auch dort private Konkurrenz.

»Gestorben wird immer. Der Job als Bestatter ist krisensicher.« Der letzte Satz gilt seit einigen Jahren nicht mehr.
Denn der Umsatz schrumpft unter anderem durch die stei-
gende Zahl von Sozialbestattungen und durch Abkehr von
Traditionen beim Begräbnis. Die goldenen Jahre, in denen
Hinterbliebene teure Särge kauften und große Trauerfeiern
ausrichteten, sind vielerorts vorbei. Kein Wunder, dass
einige Unternehmer versuchen, an einer Beerdigung so
viel wie möglich zu verdienen, um die eigene Existenz zu
sichern.

Hinweis

Tritt der Todesfall in Krankenhäusern oder Altenheimen ein,
werden manchmal durch das Personal Empfehlungen für
bestimmte Bestattungsunternehmen gegeben. Sie sollten
bedenken, dass solche Empfehlungen auf keinen Fall darauf
schließen lassen, dass es sich hier um besonders preiswerte Unternehmen handelt. Es hat schon Fälle gegeben, in
denen die »Ratgeber« vom Bestatter Vermittlungsprovisionen
für ihre Empfehlungen kassierten.

Dies alles bedeutet, dass die Preise, die Kunden zu zahlen
haben, sehr unterschiedlich sein können. Hier kann es Ver-
handlungsspielräume geben, die Sie nutzen sollten. Da in
einer Trauersituation die wenigsten in der Stimmung sind
zu handeln, empfiehlt es sich, das Preisgespräch eventuell
von einem Bekannten führen zu lassen.

Preise differieren erheblich

Preiserhebungen bei Bestattern sind nicht ganz einfach.
Da kein Unternehmen gezwungen werden kann, sich an
einer solchen Erhebung zu beteiligen, ist die Zahl der Ant-
worten auf entsprechende Anfragen nicht gerade hoch.
Und auch im Internet stößt man zwar auf sehr informative
Seiten mancher Unternehmen, findet jedoch nur selten

konkrete Preisangaben. Das Argument der Bestatter, dass
es sehr viele verschiedene Varianten gibt, die man im Netz
gar nicht darstellen kann, ist nicht ganz von der Hand zu
weisen. Trotzdem sind beispielhafte Angaben möglich.
Wie die aussehen können, zeigen die Internetseiten
www.staedtische-bestattung-muenchen.de. Dort gibt es
fünf unterschiedliche Kostenbeispiele von »sehr schlichte
Ausführung« bis »gehobene Ausführung« mit Preisen für
Sarg, Sterbekleidung, Musik, Grabdekoration usw. Bereits
vor dem Preisgespräch kann man so einen Eindruck bekommen, was auf einen zukommt.

Ein weiterer Grund für die Zurückhaltung bei der Nennung
von Preisen dürfte aber auch darin liegen, dass sich bei

3

Särge nur für die Oberschicht

Auch für Christen war die Beerdigung im Sarg nicht immer
selbstverständlich. Sargbestattungen sind seit dem 13. Jahrhundert üblich. Bis ins 19. Jahrhundert war ein Sarg jedoch
ein Privileg der Oberschicht, die ihn zur Repräsentation
und zur Verkündigung ihrer christlichen Hoffnung prächtig
schmückte. Für alle Schichten üblich wurden Särge erst mit
Aufkommen der Leichenhäuser.

kaum einer anderen Branche so große Preisunterschiede
finden. Das fängt beim Sarg an. Den braucht – fast – jeder,
auch wenn er die letzte Ruhe in der Urne finden will.

Ein Kiefernsarg kann mit 350 oder auch mit 1.200 Euro zu
Buche schlagen. Zwar werden beide Särge nicht gleich
sein; ob jedoch ein solcher Preisunterschied gerechtfertigt
ist, scheint zumindest fraglich. Außer aus Kiefer werden
Särge aus Eiche, Mahagoni, Pappel oder auch aus Kirsch-
baum angeboten. Särge gibt es – ähnlich wie bei Möbeln –
nicht nur aus Vollholz, sondern auch furniert. Zudem kann
beispielsweise ein Kiefernsarg auch mit der Farbe »Eiche

imitiert« angeboten werden. Damit die Verwandtschaft nicht merkt, was man zahlen kann – oder will.

Häufig können Sie zwischen verschiedenen Modellen aus dem gleichen Holz wählen. Ein reich verzierter Sarg mit Rosen- oder Palmenschnitzung oder ein »Designer-Sarg«, der nur in kleinen Mengen hergestellt wird, ist teurer als ein schlichtes Modell. Auf Designer-Särge – meist ohne jeden Schnörkel – wird inzwischen öfter zurückgegriffen. Unser Bild zeigt ein solches Schmuckstück, das während eines Tages der offenen Tür eines Neusser Bestattungsunternehmens gezeigt wurde.

Besonders schön gestalteter Designer-Sarg »Fluss des Lebens«

Muslime müssen in vielen Bundesländern eigentlich im Sarg beerdigt werden, obwohl deren Glaube eine Bestattung in Leinentüchern mit dem Haupt gen Mekka vorschreibt. Inzwischen erteilen einige Friedhofsverwaltungen großer Städte jedoch Ausnahmegenehmigungen. Die Bestattungsgesetze in Nordrhein-Westfalen und Hessen verzichten auf einen Sargzwang und überlassen es den Friedhofsbetreibern, diese Frage in ihren Satzungen zu regeln. In vielen nordrhein-westfälischen Städten – vor allem mit hohem Anteil von Bürgern muslimischen Glaubens – wurden die Satzungen in diesem Punkt inzwischen angepasst. Auch in Berlin, im Saarland und in Schleswig-Holstein ist die Bestattung ohne Sarg aus religiösen Gründen inzwischen gestattet. Baden-Württemberg wird in Kürze folgen. Der Transport der Leiche zum Friedhof hat allerdings weiterhin im Sarg zu erfolgen.

Nicht nur bei Särgen, sondern auch bei Urnen gibt es Preisunterschiede. Zwar wird die Asche vom Krematorium in
einer versiegelten Kapsel geliefert, diese wird üblicherweise aber noch in eine Überurne gesetzt, die Schmuckurne.
Bei einer Beisetzung im Erdreich muss die Urne innerhalb
einer bestimmten Zeit zerfallen können. Als Material kommen daher neben bestimmten Metallen nur unbehandeltes
Holz und weich gebrannte Keramik infrage, nicht jedoch
Glas, emailliertes Metall oder fest gebrannte Keramik. Für
Schmuckurnen aus den letztgenannten Materialien ist jedoch eine oberirdische Beisetzung in Kolumbarien möglich
(siehe Seite 76). Die Preise für Schmuckurnen liegen je
nach Ausstattung zwischen 80 und 500 Euro.

3

Sie haben also die Qual der Wahl. Falls Sie aus einem
Musterbuch einen preiswerten Sarg oder eine Urne auswählen, und der Bestatter Ihnen sagt, dass dieses Modell
zur Zeit kurzfristig nicht zu beschaffen ist, sollten Sie miss-
trauisch werden und standhaft bleiben. Da Särge heute
nicht mehr vom Bestatter selbst geschreinert werden und
ein Großteil auch gar nicht mehr in Deutschland hergestellt
wird, ist es nicht ganz auszuschließen, dass der gewünschte Typ gerade nicht lieferbar ist. Möglicherweise ist es aber
nur ein Vorwand, um Ihnen einen teureren Sarg verkaufen
zu können.

Denn Bestatter verdienen nicht nur an ihrer Dienstleistung,
sondern auch an Särgen. Die Handelsspanne, das heißt die
Differenz zwischen Einkaufspreis bei einer Sargfabrik und
Verkaufspreis, kann bis zu 500 Prozent betragen.

Billiger wäre natürlich der Sparsarg, den Kaiser Joseph II.
um 1785 in Österreich einzuführen versuchte: Der spar-
tanische Holzsarg ließ sich über dem offenen Grab nach
unten öffnen, sodass der Tote ohne letzte Behausung in die
Grube fiel. Der Sarg wurde anschließend wieder verwen-

Bestatterleistungen damals und heute

Auszug aus den Gebühren der Beerdigungsklasse V [1]
für Erwachsene 1907 in München

4 Leichenträger	5 M
Sarg bis 190 cm Länge	12 M
Leichensaalbenützung	1 M
Geläute	50 Pfg.
... (weitere Kosten)	27 M
Summe	45 M 50 Pfg.

Preisspannen 2013

Preise [2] für ...	geringster Preis	höchster Preis
Sarg für Erdbestattung	350 €	3.500 €
Sarg für Feuerbestattung	350 €	1.600 €
Schmuckurne	90 €	500 €
Totenbekleidung	50 €	130 €
Einkleidung/Einbettung	70 €	200 €
Sargschmuck [3]	50 €	850 €
Überführung Friedhof/Krematorium	80 €	200 €
allgemeine Verwaltungskosten	80 €	230 €

1) Quelle: »Kiste, Kutsche, Karavan«, Sonderausstellung des Museums für Sepulkral-
   kultur, Kassel, 1999
   Klassenbegräbnisse dienten nicht der Verfestigung von Klassenunterschieden, sondern
   sollten aus sozialer Fürsorge für die Hinterbliebenen dem Bestattungsluxus Einhalt ge-
   bieten.
2) Quelle: eigene Recherchen im Juli 2013
   Bitte beachten Sie: Die hohe Schwankungsbreite der genannten Preise ist auch durch
   Qualitäts- und Leistungsunterschiede bedingt!
3) höchster Preis: komplette Sargbedeckung mit Blumenschmuck

det. Für diese Fürsorge ihres geliebten Kaisers – der damit vermeiden wollte, dass sich die Österreicher für eine Beerdigung verschuldeten – hatten die Untertanen allerdings nur wenig Verständnis, sodass nach einiger Zeit der Sparsarg wieder abgeschafft wurde.

Weder das Modell »K.u.K.-Sparsarg« werden Sie im Angebot finden noch »Ökosärge« aus Pappe (zum Beispiel Peace Box aus 60 Prozent chlorfrei recyceltem Altpapier und 40 Prozent Zellulose), die immer mal wieder in den Medien erwähnt, in Deutschland jedoch von den meisten Bestattern nicht verkauft werden. Dagegen wird für alle, die auch nach dem Tod die Umwelt schützen wollen, ein Naturfaser-Sarg aus gepressten Flachsabfällen angeboten. Auch er dürfte – genau wie die Peace Box – jedoch nicht in allen Bundesländern zugelassen sein, denn in manchen Ländergesetzen wird vorgeschrieben, dass die Särge aus Holz sein müssen. Aus ökologischen Gründen ist dies kein Problem. Für die Sargfabrikation stirbt der Regenwald nicht. Berechtigterweise betont die Branche, dass für Holzsärge keine Wälder abgeholzt werden, sondern weitgehend Holz aus Durchforstungsmaßnahmen genutzt wird.

Zwar ist es nicht üblich, Särge selbst zu gestalten, ausgeschlossen ist es aber auch nicht. Wenn die Enkel den Sarg von Opa, der als Hobby-Archäologe Ägypten-Fan war, mit Pyramiden, Palmen und Kamelen bemalen wollen, spricht vom Prinzip her nichts dagegen. Sie müssen nur einen verständnisvollen Beerdigungsunternehmer finden, der die Bemalung im Unternehmen ermöglicht. Nicht nur Särge, auch Urnen werden inzwischen bemalt.

Ähnliche Preisdifferenzen wie für Särge finden sich auch bei der Sargausstattung und bei der Ausschmückung der Trauerhalle.

3

Die Preisunterschiede haben unterschiedliche Ursachen. Zum einen gibt es unterschiedliche kommunale Gegebenheiten und regionale Riten, zum anderen aber auch schlichtweg billige und teure Anbieter. Seit einigen Jahren haben sich in einigen Großstädten Beerdigungs-Discounter niedergelassen. Sie werben – zum Teil auch bundesweit – mit besonders günstigen Preisen. Ob Werbung und Wirklichkeit in jedem Fall übereinstimmen, darf bei manchen Anbietern durchaus bezweifelt werden. Mitarbeiter von Krematorien erkennen oft schon am Sarg, woher der kommt und reden abfällig vom Typ »Obstkiste« oder vom »Berliner Werteverfall«. Natürlich muss man für eine Kremierung keinen sehr teuren Vollholzsarg nutzen. Ob allerdings einfachste Holzkisten den Erwartungen an eine »ehrenvolle Bestattung« entsprechen, muss letztendlich jeder selbst entscheiden.

Der Namenszusatz »Discount« allein bürgt nicht für Preisgünstig- und Preiswürdigkeit! Lassen Sie sich vor einem Auftrag unbedingt einen schriftlichen Kostenvoranschlag

[ ] **Tipp:**

Zeichnen Sie unbedingt den Kostenvoranschlag gegen, falls Ihnen kein eigenständiger Vertrag, in dem alle Leistungen aufgeführt sind, unterbreitet wird. Und vergessen Sie nicht, ein Exemplar zur späteren Rechnungskontrolle für sich zu behalten.

machen und fragen Sie nach, welche notwendigen oder gewünschten Leistungen gesondert berechnet werden.

Seriöse Bestatter haben kein Problem damit, Ihnen Preise vorab zu nennen. Ein Angebot wird in der Regel die folgenden Kategorien beinhalten:

⟶ Eigenleistungen und Lieferungen,
⟶ Fremdleistungen (Druckerei, Todesanzeigen, Blumen),
⟶ Friedhofs- und sonstige Gebühren.

Vorsichtig sollten Sie bei **Pauschalangeboten** sein. Sie dienen leider manchmal dazu, Einzelleistungen zu verschleiern. Hinzu kommt: Falls Sie nach der Beerdigung feststellen, dass bestimmte Leistungen nicht benötigt wurden, sind Sie nach einem rechtskräftigen Urteil des Amtsgerichts Münchens trotzdem verpflichtet, die gesamte Pauschale zu zahlen (AG München; Az. 161 C 3964/09).

Mit welchen Preisen man rechnen muss, zeigt die Tabelle »Bestatterleistungen damals und heute« auf Seite 64. Wer die Preisspannen betrachtet, kann über die großen Differenzen nur staunen. Zwar wird auch die Leistung bei dem billigsten im Vergleich zum teuersten Angebot nicht identisch sein, trotzdem dürften auch bei unterschiedlichem Leistungsumfang solch große Differenzen kaum gerechtfertigt sein.

Gelegentlich wird beklagt, dass Bestatter vorab zur Kasse bitten. Dabei geht es in aller Regel um einen Abschlag auf die Gesamtkosten. Gerechtfertigt erscheint dies nur dann, wenn der Bestatter für Fremdkosten erheblich in Vorleistung tritt. Dies kann zum Beispiel der Fall sein, wenn die Kommune oder auch Kirchengemeinde Verwaltungsgebühren zum Erwerb einer Grabstätte oder für die Durchführung einer Einäscherung nicht den Zahlungspflichtigen – sprich den Hinterbliebenen –, sondern dem Bestatter als Auftraggeber in Rechnung stellen. Es gibt Friedhöfe, auf denen erst bestattet werden darf, wenn die Grabnutzungsgebühren vorab auf dem Konto der Friedhofsverwaltung eingegangen sind. Begründet wird das mit der nachlassenden Zahlungsmoral in unserem Land.

Für eigene Dienstleistungen des Bestatters, also für Einsargung, Transport und Beerdigung sollten Sie solche Abschlagszahlungen nicht akzeptieren. Verweist das Unternehmen bei der Abschlagsforderung auf seine Allgemeinen Geschäftsbedingungen (AGB) sind die nur dann rechtsgültiger Vertragsbestandteil, wenn Sie vor Vertragsabschluss deutlich darauf hingewiesen wurden und die Möglichkeit hatten, von deren Inhalt Kenntnis zu nehmen. Ein Aushang in den Büroräumen des Bestatters reicht nicht aus!

Auch für Bestatter gilt die Preisangabenverordnung (PAngV), die Anbieter verpflichtet, die Preise für Waren oder Dienstleistungen für Verbraucher deutlich zu kennzeichnen. Zwar müssen in einer Preisliste nicht alle, aber wesentliche Leistungen aufgeführt sein. Die Liste muss deutlich sichtbar im Schaufenster oder im Verkaufsraum des Bestatters ausgehängt sein. Sie darf nur Endpreise einschließlich der gesetzlichen Mehrwertsteuer enthalten.

Pietät und Takt auch bei der Rechnung?

Gerade weil Trauernde im Regelfall nicht in der Lage sind, Preisverhandlungen zu führen und Produkte zu vergleichen, sind sie auf die Vorschläge und das Wissen des Bestattungsunternehmers angewiesen. Daher sollten Sie vom Bestattungsunternehmer nicht nur Pietät, sondern auch im besonderen Maße Seriosität erwarten können, die das Vertrauen in den Rat und die Vorschläge des Unternehmers rechtfertigen. Leider gehen zumindest ein paar schwarze Schafe der Branche davon aus, dass Trauer den Blick trübt.

Deren Abrechnung entspricht nicht immer der honoriger Kaufleute. So taucht beispielsweise das Kreuz auf der Rechnung auf, das auf dem Sarg fehlte, es werden für ein paar Kilometer zu hohe Überführungskosten berechnet, oder »aus Versehen« wird eine teurere Urne in Rechnung gestellt als die bestellte. Und ob der Tote das letzte Hemd aus Seide trägt, das später teuer bezahlt werden muss, überprüfen nur wenige, da der Sarg in vielen Fällen geschlossen bleibt. Natürlich muss dies alles nicht Absicht sein – wer arbeitet schon fehlerfrei –, doch es gibt auch Bestatter, die gerne heftig zulangen, bis nach einiger Zeit die Staatsanwaltschaft endlich Einhalt gebietet. Sie bringen damit eine ganze Branche in Verruf.

Gründe für solche ärgerlichen Machenschaften gibt es mehrere: Der Beruf ist heute nicht mehr krisensicher, der Konkurrenzkampf ist hart. Hinzu kommt: Die allgemeine Wirtschaftssituation führt auch bei Beerdigungen zu erheblichen Kosteneinsparungen. Die Zahl von Billig- oder auch Sozialbestattungen nimmt deutlich zu.

Da eine Ausbildung zum Bestatter zwar inzwischen möglich, aber immer noch nicht notwendig ist, gibt es auch keine Zulassungen oder Überprüfungen, was der Berufsverband seit langer Zeit bemängelt. Jeder kann für 15 bis 20 Euro bei der Kommune ein Gewerbe anmelden und Bestattungen durchführen.

Um dem entgegenzuwirken, besteht die Möglichkeit, sich durch eine vor den Handwerkskammern Düsseldorf und Würzburg abgelegte freiwillige Prüfung zum geprüfter Bestatter/geprüften Bestatterin zu qualifizieren. Diese Fachprüfung wurde als Abschluss einer im Einzelnen festgelegten Ausbildung geschaffen. Am 1. Januar 2010 sind neue bundeseinheitliche Regelungen zur Ablegung der Meisterprüfung (Bestattermeisterverordnung) in Kraft getreten, die allerdings keine zwingende Voraussetzung für die selbständige Ausübung des Gewerbes sind.

Seit August 2003 gibt es bereits die dreijährige Ausbildung zur Bestattungsfachkraft, die mit der Gesellenprüfung abschließt.

Unbedingt Rechnung prüfen

Was bei einer Handwerkerrechnung selbstverständlich ist, sollte auch hier gelten: Vergleichen Sie die Bestattungsrechnung genau mit den vor dem Auftrag gemachten Angaben beziehungsweise dem Kostenvoranschlag, und lassen Sie sich vor allem die Rechnungen für Fremdleistungen (Druckerei, Tageszeitung, Busunternehmer oder Blumengeschäft) in Kopie geben. Auf das Original haben Sie keinen Anspruch, es sei denn, die Rechnung wird an Sie weitergegeben, damit Sie die Begleichung direkt regeln.

Zwar kostet dieser Auftragsservice des Bestattungsunternehmers auch Geld, doch das Honorar dafür sollte eigentlich nicht in die Kosten für die Fremdleistungen eingerechnet, sondern extra ausgeworfen werden. Bei Prüfung der Rechnung sollten Sie auch kontrollieren, ob für solche Fremdkosten nur die Nettobeträge (ohne Mehrwertsteuer) angesetzt wurden, auf die dann die Mehrwertsteuer wieder aufgeschlagen wird. Lautet beispielsweise die Rechnung des Blumengeschäfts auf 186,92 Euro plus sieben Prozent Mehrwertsteuer gleich 200 Euro, dann sollten in der Abrechnung des Bestatters nicht 200 Euro in Rechnung gestellt werden, auf die er dann noch einmal 19 Prozent Mehrwertsteuer aufschlägt! Der höhere Mehrwertsteuersatz von 19 statt 7 Prozent ist übrigens berechtigt, falls die Position innerhalb einer Gesamtrechnung auftaucht.

Die Rechnung sollten Sie allerdings auch umgehend zahlen, falls sie korrekt ist. Schließlich hat der Bestatter seine Leistung erbracht und kann nun auch eine Honorierung ohne Verzögerung erwarten. Spätestens vier Wochen nach Rechnungsstellung muss der Betrag beim Bestatter eingegangen sein, sonst kann der Rechnungssteller Verzugskosten berechnen. Die vier Wochen sind übrigens kein Zahlungsziel. Wenn auf der Rechnung eine kürzere Frist angegeben wurde, sollten Sie die auch einhalten. Falls Sie

Rechnungsbeispiel

Rechnung für die Bestattung von ...
am ...

Unsere Leistung

Sarg in Eiche massiv	1.875,00 €
Deckengarnitur	135,00 €
Sterbehemd	67,60 €
Einbetten im Seniorenheim	155,00 €
Überführung in unser Institut	135,00 €
Aufbewahrung in unserem Institut	180,00 €
Überführung zum ev. Westfriedhof in ... (50 km)	250,00 €
Aufbahrung in der Friedhofskapelle	150,00 €
6 Träger Partnerinstitut in ...	180,00 €
55 Trauerbriefe mit Hüllen	75,00 €
45 Beilegekärtchen Einladung Café	41,00 €
Grabkreuz mit Schrift	78,50 €
Bearbeitungsgebühren für alle Erledigungen (pauschal)	235,00 €

Summe 1   **3.557,10 €**
Im Betrag unserer Leistungen enthaltene Mehrwertsteuer
von 19 %: 567,94 €

Durchlaufende Posten

Sargbukett/Kränze/Blumen lt. Auftrag (Rechnungskopie in Anlage)	233,65 €
7 % Mehrwertsteuer	16,35 €
Summe 2	**250,00 €**
Sterbeurkunden	15,00 €
Summe 3	**15,00 €**

Gesamtsumme: **3.822,10 €**
Der Betrag ist zahlbar sofort ohne Abzug.

3

aus irgendwelchen Gründen Probleme haben, die Gesamtrechnung sofort zu zahlen, sprechen Sie mit dem Bestattungsunternehmen. Eventuell ist man bereit, das Zahlungsziel zu verlängern oder akzeptiert eine Zahlung in Raten.

Sofern Sie die Rechnung kürzen wollen, weil Sie meinen,
dass berechnete Leistungen nicht erbracht worden sind
oder die Rechnungsposition nicht dem Kostenvoranschlag
entspricht, hilft auch hier in aller Regel zunächst ein Gespräch mit dem Bestattungsunternehmer. Falls dies nicht
zu einer Einigung führt, sollten Sie zumindest umgehend
den Rechnungsanteil zahlen, der unstrittig ist.

Zur außergerichtlichen Klärung können Sie sich an die
nächst gelegene Beratungsstelle einer Verbraucherzentrale wenden (siehe Seite 184) oder direkt mit
Schlichtungsstelle des Bundesverbands Deutscher Bestatter (siehe Seite 180) Kontakt aufnehmen, mit der die
Verbraucherzentralen kooperieren. Ziel der Schlichtungsstelle ist es, auftretende Beschwerden oder Reklamationen
außergerichtlich durch Sachverständige klären zu lassen.
Die Schlichtungsstelle arbeitet bundesweit ausschließlich
mit Sachverständigen für das Bestattungsgewerbe zusammen, die bei den jeweiligen Handwerkskammern öffentlich
bestellt und vereidigt sind. Die Stelle bemüht sich auch
dann um eine Einigung, wenn der betroffene Bestatter
nicht dem Bundesverband angehört. Wie auch immer die
Schlichtungsstelle entscheidet, der Rechtsweg bleibt den
Streitenden offen. Doch die Erfolgsquote ist hoch.

Kommunale Gebühren

Wer in der Schweiz in Zürich oder in Basel lebt, brauchte sich um Bestattungskosten bisher wenige Gedanken zu machen. Dort wie auch in einigen anderen eidgenössischen Städten trägt die Gemeinde die Kosten für Sarg, Transport und Bestattung nach einheitlichem Grundmuster. Doch auch jenseits der Grenze soll der letzte Gang zukünftig nicht länger kostenlos sein, was allerdings auf heftigen Widerstand der Bürger trifft.

Nicht nur der Bestatter kostet, auch die Gemeinde hält die Hand auf. Der Bereich der kommunalen Abgaben ist kaum überschaubar. Bei den Friedhofsverwaltungen findet man eine ausgeprägte Gebührenvielfalt. Welche Leistungen bezahlt werden müssen und in welcher Höhe sich die Kosten für einzelne Leistungen bewegen, ist von Stadt zu Stadt unterschiedlich. Um genaue Preisangaben machen zu können, wäre es notwendig, für jede Stadt und jede Gemeinde die Gebührenordnung einzeln zu ermitteln.

Bei den kommunalen Gebühren gibt es zwei Gruppen:
····> Grabnutzungsgebühren (siehe unten) und
····> Bestattungsgebühren (siehe Seite 92).

Grabnutzungsgebühren

Vielfach wird auch heute noch – wie bereits erwähnt – davon gesprochen, Gräber zu kaufen. Das klingt nach Eigentum an der letzten Ruhestätte auf ewige Zeiten; üblicherweise handelt es sich jedoch nur um ein Nutzungsrecht für eine bestimmte, manchmal wählbare Dauer. Die Zeitspannen liegen häufig bei 20 oder 30 Jahren; es gibt jedoch auch Ruhezeiten von 7, 10, 15 und 25 Jahren. Nach Ablauf

DER STADTDIREKTOR

GARTEN- UND FRIEDHOFSAMT BERGHEIMER STRASSE 67

URKUNDE

über den

◯ Erwerb des Nutzungsrechtes an einer Wahlgrabstätte

Ⓧ Wiedererwerb des Nutzungsrechtes an einer Wahlgrabstätte

Die Stadt Neuss überläßt dem im nachstehenden Anschriftenfeld genannten Erwerber eine Wahlgrabstätte auf dem angegebenen städt. Friedhof.

FRIEDHOF	FELD-NR., GRAB-NR.		GRABORDNUNG BZW. -ART
Rheydter Straße	B 6	64	II.

NUTZUNGSDAUER (VON–BIS)	REGISTER-NR.	GEBÜHREN-NR.	GEBÜHREN DM
9.4.1995 – 8.4.2015	I/433		418,--

Postanschrift: Stadtverwaltung, Postfach 101452, 4040 Neuss 1

Herrn/Frau/Fräulein

Die Überlassung der vorbezeichneten Grabstätte erfolgt in Verbindung mit den Bestimmungen der zur Zeit gültigen Friedhofsordnung der Stadt Neuss. Der Erwerber erkennt diese und auch alle in Zukunft über das Nutzungsrecht an Wahlgrabstätten erlassenen Bestimmungen für sich und seine Rechtsnachfolger als rechtsverbindlich an.

Die Gebühren sind auf Grund der Friedhofsgebührenordnung festgesetzt worden. Vor Ablauf des Nutzungsrechtes ist eine gewünschte Verlängerung dieses Rechts unter Vorlage dieser Urkunde rechtzeitig zu beantragen. Das Recht an der Wahlgrabstätte auf Grund dieser Urkunde ist unveräußerlich. Bei jeder Belegung der Grabstätte ist diese Urkunde mindestens 24 Stunden vorher der Friedhofsverwaltung vorzulegen.

Die Aufstellung von Grabdenkmälern, Grabkreuzen, Einfassungen und dergl. bedarf einer besonderen Genehmigung.

DATUM:

STADT NEUSS

IM AUFTRAGE:

Longerich

dieser Zeit fällt das Grab an die Friedhofsverwaltung, das heißt an die Kommune oder auch die Kirchengemeinde, zurück oder kann – zumindest bei Wahlgräbern – erneut durch den letzten Nutzungsberechtigten erworben werden. Die ursprüngliche Tradition, ein Grab als Familiengrabplatz an die folgenden Generationen als bleibenden Erinnerungsort weiterzugeben, wurde seit den 1950er Jahren in Deutschland kaum noch angeboten. Standard wurde

das Grab auf Zeit. Inzwischen gibt es aber
wieder Städte, die »Gräber auf Ewigkeit« anbieten. So ist in Karlsruhe der Erwerb eines
»Erbgrabes« wieder möglich.

Soll vor Ablauf der Nutzungszeit eine er-
neute Bestattung in einem Grab mit Platz
für mehrere Särge oder Urnen (mehrstellig)
erfolgen, muss in aller Regel das Nutzungsrecht für die gesamte Grabstätte neu erworben werden. Dabei wird der noch nicht
genutzte, aber bereits gezahlte Zeitraum
angerechnet. Ein Beispiel soll dies ver-
deutlichen: Sie haben das Nutzungsrecht
an einem Grab mit zwei Stellen und einer
Ruhezeit von 20 Jahren anläßlich einer Bestattung im Jahr
2004 zum Preis von 1.800 Euro erworben. Zehn Jahre später soll dort eine weitere Bestattung durchgeführt werden.
Das Nutzungsrecht kostet inzwischen 2.000 Euro für die
Grabstätte. Da von der ersten Nutzungszeit nur die Hälfte – nämlich zehn Jahre – vergangen sind, wird ein Betrag
von 900 Euro angerechnet, sodass Sie nur noch 1.100 Euro
zahlen müssen. In vielen Städten können Sie das Nutzungsrecht zurückgeben, sobald die Ruhefrist erfüllt ist. In
solchen Fällen erhalten Sie üblicherweise die anteilig zu-
viel gezahlten Gebühren erstattet. Ein Beispiel: Die Ruhefrist beträgt 20 Jahre. Sie haben das Nutzungsrecht für
25 Jahre erworben. Nach 23 Jahren entschließen Sie sich,
das Nutzungsrecht zurückzugeben. Sie erhalten dann den
anteiligen Betrag für zwei Jahre zurück.

In manchen Städten gibt es je nach Grabtyp oder auch
Friedhof unterschiedlich lange Laufzeiten. Bei Wahlgräbern
ist die Dauer der Vergabe manchmal fünf oder zehn Jahre
länger als bei Reihengräbern und damit natürlich auch
teurer.

Die meisten Friedhofssatzungen sehen vor, dass ein Nutzungsrecht an einer Grabstätte auf Antrag an nahe Familienangehörige übertragen werden kann.

Die Höhe der Grabnutzungsgebühren richtet sich nicht nur nach der Länge der Nutzungsdauer, sondern auch nach der Art der Grabstätte. Man unterscheidet

---> **Reihengrabstätten** (Erdreihengrab),
---> **Wahlgrabstätten** (Erdwahlgrab),
---> **Urnen-Reihengrabstätten** und
---> **Urnen-Wahlgrabstätten,**
---> **anonyme Grabstätten,** sowohl für Sarg- als auch für Urnenbestattungen sowie
---> **Aschestreuwiesen** (nur in einigen Kommunen).

[ ] Tipp:

Bei Reihen- und Urnenreihengrabstätten bestimmt die Friedhofsverwaltung den Ort der Bestattung; bei Wahlgrabstätten können Sie – mit Einschränkungen – selbst wählen.

Anonyme Grabstätten sind in Städten bis zu 50.000 Einwohnern selten und manchmal nur für Urnenbeisetzungen vorgesehen. Inzwischen gibt es in einigen Orten auch **Kolumbarien** (oberirdische Grabkammern) – die Italien- oder Spanienreisende von den dortigen Friedhöfen kennen – üblicherweise für Urnen, selten auch für Särge. Sie werden in speziellen Kammern direkt neben- und übereinander eingestellt. Die Preise liegen je nach Ruhezeit zwischen 550 und 2.750 Euro. Ein Verstreuen der Asche auf einer Aschestreuwiese eines Friedhofs ist nur in einigen Bundesländern und auch dort nicht in allen Gemeinden zulässig (siehe Seite 40).

Wichtige Anhaltspunkte für die Kosten des Erwerbs eines Nutzungsrechts entnehmen Sie den Tabellen für kommu-

nale Grabnutzungsgebühren ab Seite 82. Die genannten
Preise beziehen sich in der Regel auf einstellige Grabstellen und enthalten – außer bei anonymen Grabfeldern
beziehungsweise Gräbern in Gemeinschaftsanlagen
(halbanonym) – keine Grabpflege. Es gibt Kommunen, bei
denen Sie mit Erwerb des Nutzungsrechts für eine Reihen-
oder Wahlgrabstätte auch die Grabpflege für die Dauer der
Ruhefrist erwerben können. Da manche Friedhofsträger
zwischen Verstorbenen unter und über fünf beziehungsweise zehn Jahren differenzieren, haben wir die Kosten
für Kindergräber außer Acht gelassen. Bei der Angabe der
Höchstgebühren für Urnen-Wahlgrabstellen kann es sich
auch um zwei- bis vierstellige Gräber handeln. Da es einstellige Urnengräber in einigen Kommunen gar nicht gibt,
haben wir die Daten nicht auf eine Stelle umgerechnet, weil
in diesem Fall grundsätzlich ein mehrstelliges Grab »erworben« werden muss.

Manche Städte verfügen über mehrseitige Gebührenord-
nungen. Aus Gründen der Übersichtlichkeit müssen wir uns
auf die Wiedergabe einiger wichtiger Daten beschränken.

Die Nutzungsgebühren für Gräber auf Begräbnisplätzen
für Muslime oder auf jüdischen Teilen eines kommunalen
Friedhofs können deutlich über den normalen Gebühren
liegen, da wesentlich längere Ruhezeiten als üblich einge-
räumt werden. So kostet beispielsweise das Nutzungsrecht
für 20 Jahre für ein normales Wahlgrab für Erdbestattungen in Dortmund 2.400 Euro, für ein Wahlgrab für Muslime auf dem Hauptfriedhof mit 50 Jahren Nutzungsrecht
4.800 Euro.

Die Erhebung erfolgte im Juni 2013 auf Basis von Veröf-
fentlichungen auf den Webseiten der Städte sowie auf
Nachfrage bei einzelnen Kommunen. Die Erfahrung zeigt,
dass Friedhofsgebührenordnungen oft mehrere Jahre Be-

stand haben und nicht Jahr für Jahr der allgemeinen Kostenentwicklung angepasst werden, allerdings gab es in den letzten Jahren auffällig viele Änderungen mit zum Teil starken Gebührenanhebungen. Dies betrifft insbesondere die Kosten für Urnengräber, die in vielen Städten überdurchschnittlich gestiegen sind. Manche Kommunen haben dagegen die Kosten für Wahlgräber gesenkt (siehe Seite 90).

Es gibt etwa 30.000 Friedhöfe in Deutschland, davon 28.000 in kommunaler Trägerschaft; bei weitem zu viele für eine Erhebung. Die zur Zeit in Ihrer Stadt gültigen Preise erfahren Sie beim Friedhofsamt oder der zuständigen Kirchengemeinde. Fordern Sie dort die Gebührensatzung an. Manche Satzungen sind allerdings so kompliziert, dass selbst Fachleute in Friedhofsämtern auf unsere Nachfrage hin erst einmal nachdenken mussten, was denn wohl gemeint ist.

In der Regel sind die Kosten für die Grabnutzungsgebühren in kleineren Kommunen etwas geringer als in großen Städten. Großstädte verfügen häufig nicht nur über einen zentralen Friedhof, sondern über eine Reihe von Begräbnisplätzen in Stadtteilen, die nicht selten durch Eingemeindung zur Kommune gestoßen sind. Je mehr Friedhöfe desto aufwändiger und damit teurer ist der Unterhalt, der über Grabnutzungsgebühren umgelegt wird. Gab es vor zwanzig Jahren auf manchen Gottesäckern noch drangvolle Enge, findet man inzwischen durch die Zunahme von Feuer- und anonymen Bestattungen viele aufgelassene Gräber, die nicht wieder belegt werden können.

Manche Stadtväter versuchen deshalb kleinere Friedhöfe zu schließen, da die restlichen genügend freie Grabflächen aufweisen. Doch mit diesem Ansinnen stoßen sie häufig auf erbitterten Widerstand vor allem der älteren Bewohner, die weite Wege zum Grab ablehnen. Die Folge: Da die

Möglichkeit zum Kostensparen nicht genutzt werden kann,
steigen die Grabnutzungsgebühren.

Aber es gibt noch einen anderen Grund, warum kleine Gemeinden machmal preiswerter sind, als die großen Nach-
barstädte: Die Mitglieder des Gemeinderats sind dort in
direkterem »Zugriff« der Bevölkerung als in Großstädten.
Wer sich für sein Tun gegenüber den Mitbürgern in direkten
Gesprächen verantworten muss, überlegt sich die nächste
Gebührenerhöhung genau.

In einigen Kommunen gibt es unterschiedliche Gebühren
innerhalb der Stadt. Wer wünscht, dass der Verstorbene
auf einem Friedhof im Zentrum beerdigt wird, muss dort
eventuell mehr zahlen als für eine Grabstelle außerhalb
des Zentrums. Und wer seinen Angehörigen auf einem
bestimmten Teil des Friedhofs zu Grabe tragen will, für den
können die Kosten für die Überlassung des Begräbnisplat-
zes gleich um 100 Prozent steigen.

Wettbewerb zwischen Friedhofsträgern gibt es naturge-
mäß selten. Dort wo es neben dem kommunalen Friedhof
auch noch den kirchlichen Gottesacker gibt, bremst die
Konkurrenz manchmal die Preise. Aber auch Kirchengemeinden kämpfen mit den gleichen Belegungsproblemen
wie Kommunalverwaltungen.

Schwer zu begründende Gebührendifferenzen

Wir wollen mit unserer Gegenüberstellung keine Kommune an den Pranger stellen. Natürlich gibt es begründete
Gebührendifferenzen. Wie die Tabellen ab Seite 82
allerdings zeigen, schwanken die Gebühren von Stadt zu
Stadt sehr stark. Keine neue Entwicklung übrigens. Auch
in der Vergangenheit haben wir bei gleicher Nutzungsdau-

er Preisdifferenzen bis zu 1.000 Euro gefunden. Wer das Nutzungsrecht an einem Reihengrab für 20 Jahre erwerben will, wird beispielsweise in Dresden mit 558,81 Euro, in Dortmund bei gleicher Nutzungsdauer mit 1.520 Euro zur Kasse gebeten.

Wer in bevorzugter Lage beerdigt werden möchte, sollte seinen Hinterbliebenen ein stattliches Erbe hinterlassen: Wahlgräber sind – wie auch unsere Tabelle ab Seite 82 zeigt – teurer als Reihengräber. Nur sehr wenige Gemeinden kennen keinen Preisunterschied für Reihen- und Wahlgräber und in einigen wenigen gibt es nur Wahlgräber.

In manchen Gebührensatzungen – wie zum Beispiel in der von Augsburg, München oder Nürnberg – gibt es keine Preisangaben für die gesamte Nutzungsdauer, sondern Gebühren pro Jahr. In anderen Städten finden sich für einzelne Grabtypen Preise für die gesamte Nutzungsdauer, für andere wiederum Preise pro Jahr, was die Preisklarheit und Vergleichbarkeit nicht gerade erhöht. Jahreswerte bedeuten jedoch nicht, dass der Betrag Jahr für Jahr fällig ist. Auch Kommunen, die jährliche Gebühren in die Satzung schreiben, kassieren für die gesamte Ruhezeit vorab. Klagen gegen diese Praxis wurden bisher von Gerichten abgewiesen.

In der Grabnutzungsgebühr sind üblicherweise die Kosten für die Friedhofsunterhaltung enthalten. Dazu zählen beispielsweise die Pflege der Wege und der Grünflächen sowie die Wasserentnahme. Einige Kommunen, stellen jedoch eine Friedhofsunterhaltungsgebühr gesondert in Rechnung, in der Regel vorab für die gesamte Nutzungsdauer. Sollten Sie im Lauf der Zeit nachträglich zur Kasse gebeten werden, sollten Sie Widerspruch gegen den Bescheid einlegen und anwaltlichen Rat suchen.

Der Eindruck drängt sich auf, dass es Stadtväter gibt, die ihren Mitbürgern aus traurigem Anlass tief in die Tasche greifen; schließlich kann man bei Verstorbenen ja zukünftig nichts mehr kassieren. Schaut man sich die komplette Gebührensatzung an, lässt sich allerdings nicht durchgängig feststellen, dass die Leistungen einer Kommune billig und die einer anderen sehr teuer sind. Gemeinden, deren Gebühren Sie bei den Tabellen ab Seite 82 im oberen Bereich finden, können bei den Bestattungsgebühren wie Grabaushub oder Nutzung der Friedhofskapelle (Tabelle auf Seite 90) durchaus im unteren Bereich liegen.

Ein Grund für die extremen Gebührendifferenzen liegt auch darin, dass manche Gemeinderäte davon ausgehen, dass die von Friedhöfen verursachten Kosten zu 100 Prozent durch Einnahmen gedeckt sein müssen. Insbesondere Kommunen mit Haushaltssicherungskonzept verweisen gerne darauf, dass die volle Kostendeckung verpflichtend sei. Andere sehen einen Kostendeckungsgrad von 70 Prozent als ausreichend an, weil Friedhöfe als grüne Lunge zwischen den Häusern die stadtklimatischen Bedingungen verbessern oder in einigen Fällen als Park- oder Waldfriedhof für manche Menschen durchaus der Naherholung dienen. Die restlichen 30 Prozent werden dann über Steuereinnahmen ausgeglichen.

Umstritten ist darüber hinaus, ob die Kosten für die Pflege von nicht mehr belegten Gräbern voll auf die Gebührenzahler abgewälzt werden können. Viele Menschen haben in den letzten Jahren kostengünstigere Bestattungsarten gewählt, weil sie einfach nicht mehr in der Lage sind, 5.000 Euro oder mehr für die Bestattung eines Angehörigen zu zahlen. Die Folgen sind Lücken in den Gräberreihen und Löcher in den Gebührenhaushalten. Denn diese Überhangflächen werden jetzt nicht mehr von Angehörigen gepflegt, sondern von der Friedhofsverwaltung. Folgt man

3

Kosten für Nutzungsrechte an Gräbern ausgewählter Städte (in Euro)

Stadt	Erd-reihen-grab geringste	Erd-reihen-grab höchste	Erd-wahlgrab geringste	Erd-wahlgrab höchste*	Erdgrab anonym/ halb-anonym	Nutzung Erdgrab Jahre
Augsburg	1.140,00 incl. Pflege	–	990,00	1.282,50	–	15
Berlin	548,00	–	572,00	–	548,00	20
Bielefeld	806,00	1.931,00	1.020,00	2.260,00	1.043,00	20/30
Bonn	1.414,03	4.208,34	1.561,18	4.208,34	516,28	15 (bis 40)
Braunschweig	432,90		1.323,00		2.013,00/ 1.414,00	25
Bremen	1.098,00	–	1.647,00	–	–	15
Chemnitz	528,00	–	675,00	–	1.644,00 (Baumgrab)	20
Cottbus	712,03	–	750,66	–	1.258,40	20
Dortmund	1.520,00	2.040,00 inkl. Pflege	2.400,00	4.700,00 incl. Pflege	–	20
Dresden	558,81	–	558,81	–	–	20
Düsseldorf	1.007,19	1.316,52	1.140,07	3.035,89	–	20–30

Anmerkungen zu den Tabellen:

··› Bitte beachten Sie beim Vergleich der Daten unsere Hinweise ab Seite 79 sowie die zum Teil unterschiedlichen Ruhefristen.

··› Wir haben jeweils die geringsten und die höchsten Gebühren angegeben. Ist nur ein Wert eingetragen, wurde uns dieser einheitliche Preis genannt. Bei **Nürnberg und München** – Städten mit sehr kurzer Ruhezeit von üblicherweise zehn Jahren – haben wir eine Nutzungsdauer von 20 Jahren angenommen, um den Vergleich zu erleichtern. In München gibt es ausschließlich Familiengräber als Wahlgrabstätten.

··› Bei Kommunen, bei denen unterschiedliche Nutzungszeiten angegeben sind, haben wir die Werte für 20 Jahre zugrunde gelegt, falls es diese Ruhezeit für das entsprechende Grab gibt.

··› Nicht genannte Werte, nicht vorhandene Möglichkeiten oder verweigerte Auskünfte wurden mit »–« gekennzeichnet.

Urnen-reihen-grab geringste	Urnen-reihen-grab höchste	Urnen-wahlgrab geringste	Urnen-wahlgrab höchste*	Urnengrab anonym/halb-anonym	Nutzung Urnen-grab Jahre	Kremato-rium z. T. ohne Lei-chenschau
1.065,00 mit Pflege		990,00	1.185,00	960,00	15	–
548,00	–	572,00	–	548,00	20	197,00
381,00	1.098,00	780,00	1.860,00	574,00	20	–
1.099,03		1.203,43		328,57	15	–
742,90	–	–	1.985,90	1.310,90/ 685,90	20 (und 15)	252,80
724,00	–	1.186,00	2.372,00	499,00	15	286,00
459,00	–		729,00	601,00	20	137,45
331,68	–	414,60	–	458,95	20	nicht städtisch
640,00	1.200,00 inkl. Pflege	1.600,00	2.550,00 Baumgrab inkl. Bepflanzung	430,00 inkl. Kremierung	20	210,00
460,62	–	439,99	460,62	482,97	20	173,22
896,00	–	1.974,78	2.399,26 (Baumfeld inkl. 30 Jahre Pflege)	1.212,32 inkl. Beisetzung	20–30	266,63

⇢ Friedhofsunterhaltungsgebühren sind eingerechnet, falls sie gesondert in Rechnung gestellt werden.

⇢ * teilweise mit Pflege während der Nutzungsdauer

Wichtiger Hinweis:

⇢ Wir haben uns sehr darum bemüht, die Friedhofsgebühren korrekt wiederzugeben. Auch bei großer Sorgfalt sind bei der Kompliziertheit der Materie aufgrund der sehr heterogenen Gebührenstruktur und der auch regional unterschiedlichen Bezeichnungen Abweichungen nicht ganz auszuschließen. Zudem gibt es in einigen Kommunen eine Reihe von Grabvarianten, die hier nicht alle aufgeführt werden konnten. Preisänderungen sind jederzeit möglich. Die aktuellen Gebühren erfragen Sie deshalb bitte bei Ihrer Friedhofsverwaltung.

Quellen:

⇢ Angaben der Kommunalverwaltungen in den Friedhofsgebühren- und Friedhofssatzungen der Städte; Stand: 20. Juni 2013

	Kosten für Nutzungsrechte an Gräbern ausgewählter Städte (in Euro)					
Stadt	Erd-reihen-grab geringste	Erd-reihen-grab höchste	Erd-wahlgrab geringste	Erd-wahlgrab höchste*	Erdgrab anonym/ halb-anonym	Nutzung Erdgrab Jahre
Erfurt	695,00	–	836,00	–	–	20
Frankfurt/Main	563,00	–	966,00	1.051,00	591,00	20
Frankfurt/Oder	1.077,00		1.616,00	–	–	20
Fulda	630,00	–	1.841,00	2.193,00	737,00–781,00	25–40
Halle/Saale	651,00	–	975,00	–	–	20/30
Hamburg	1.063,00	–	1.425,00	2.100,00	1.063,00	25
Hannover	1.223,00	1.326,00	2.039,00	2.549,00	1.407,00	20
Heidelberg	900,00	–	2.030,00	2.255,00	–	18/25
Ingolstadt	–	–	600,00	1.590,00		15/25
Jena	854,00	–	1.187,50	–	–	25
Karlsruhe	540,00	675,00	1.300,00	2.160,00	742,00	20/25
Kiel	1.250,00	–	1.250,00	2.150,00	–	25
Köln	1.765,00 (pflege-frei)	–	1.945,00			25/30
Leipzig	407,00	–	874,00	–	908,00	20
Lübeck	1.280,00	1.520,00	1.620,00	2.440,00	–	20
Lutherstadt Wittenberg	886,50	–	1.073,50		–	20
Magdeburg	1.001,00	–	1.149,00	1,490,00	886,00	20
Mainz	820,00	1.080,00	2.160,00	2.460,00	–	20 (Reihe) 30 (Wahl)
Mannheim	837,00	–	1.155,00	–	–	15

Bitte beachten Sie die Anmerkungen auf Seite 82.

Urnen-reihen-grab geringste	Urnen-reihen-grab höchste	Urnen-wahlgrab geringste	Urnen-wahlgrab höchste*	Urnengrab anonym/halb-anonym	Nutzung Urnen-grab Jahre	Kremato-rium z. T. ohne Lei-chenschau
214,00	–	309,00	–	311,00	20	127,33
272,00	–	606,00	919,00	356,00	20	358,00
286,00	–	490,00		765,00	20	260,61
350,00	–	695,00	–	495,00	20/40	–
617,00		930,00 zuzüglich 22,50/m²	–	675,50	20/30	
849,00	–	1.150,00	6.250,00	849,00	25	–
857,00	–	1.243,00	3.017,00	656,00	20	–
540,00	740,00	1.640,00	1.910,00	480,00	18	–
–	–	330,00	1.200,00	100,00	10	
367,00	607,00	655,00	–	–	15	169,00
480,00	–	1.200,00	4.180,00	681,00	20	–
800,00	–	1.905,00	2.450,00 Baumgrab	–	25	
1.899,00 (pflegefrei)	–	1.480,00		1.536,00	25/30	307,00
190,00	–	593,00	1.764,00	612,00	20	223,87
1.040,00		1.200,00	2.450,00	900,00	20	–
730,00	–	719,00	–	591,50	20	–
866,00	–	971,00	1.253,00	233,00	20	216,58
260,00	460,00	1.020,00	1.470,00	380,00	20 (Reihe) 30 (Wahl)	–
709,00	–	1.140,00		416,00	15	329,00

3

Kosten für Nutzungsrechte an Gräbern ausgewählter Städte (in Euro)						
Stadt	Erd-reihen-grab geringste	Erd-reihen-grab höchste	Erd-wahlgrab geringste	Erd-wahlgrab höchste*	Erdgrab anonym/ halb-anonym	Nutzung Erdgrab Jahre
München	–	–	700,00 (siehe An-merkung auf Seite 82)	3.420,00 (siehe An-merkung auf Seite 82)	–	10 (siehe An-merkung auf Seite 82) 15–30 (einzelne Friedhöfe)
Nürnberg	600,00 (10 Jahre)		700,00 (siehe An-merkung auf Seite 82)	1.240,00 (siehe An-merkung auf Seite 82)		10 (siehe An-merkung auf Seite 82), 12 (einzelne Friedhöfe)
Oldenburg (Oldb.)	911,00	1.422,00	1.024,00	–	890,00	25
Passau	600,00	–	920,00	–	–	20
Potsdam	1.305,00	–	1.300,00	–	2.255,00	25
Rostock	940,00		940,00		2.075,00	20
Saarbrücken	600,00	–	820,00	2.660,00	1.100,00	20/25/30
Saarlouis	1.100,00	1.320,00	1.490,00	1.800,00	–	20/25
Schwerin	1.383,00	–	1.383,00	–	3.953,00	25
Siegen	1.625,00	2.411,00	2.153,00	2.828,00	2.215,00	30
Stuttgart	827,00	–	1.660,00	2.480,00	–	20/30
Trier	1.100,00	1.150,00	1.385,00	–	–	20 (Reihe) 25 (Wahl)
Ulm	480,00	–	1.620,00	2.280,00	–	30
Wiesbaden	620,00	–	1.740,00	3.600,00	–	20/30
Würzburg	390,00	–	690,00	1.305,00		15

Bitte beachten Sie die Anmerkungen auf Seite 82.

Urnen-reihen-grab geringste	Urnen-reihen-grab höchste	Urnen-wahlgrab geringste	Urnen-wahlgrab höchste*	Urnengrab anonym/halb-anonym	Nutzung Urnen-grab Jahre	Kremato-rium z. T. ohne Lei-chenschau
–	–	500,00	2.400,00	450,00	10 (nomal) 15–30 (einzelne Friedhöfe)	269,00
480,00 (siehe Anmerkung auf Seite 82)	–	–	800,00 (Kolumbarium, 10 Jahre)	–	10 (normal) 12 (einzelne Friedhöfe)	351,05
471,00	–	543,00	923,00	353,00	20	334,39
–	–	360,00	560,00	150,00	10	–
704,00	–	740,00	780,00	–	20	192,00
260,00	1.045,00	455,00	4.140,00 (Kolum-barium)	695,00	20	240,00
525,00	800,00	560,00	2.660,00	700,00	20/25/30	414,00
480,00	–	1.240,00	–	–	20	–
414,00	–	461,00	1.751,50 (Baum-grab)	765,00	20 (Reihe) 25 (Wahl)	298,50
977,00	–	1.147,00	1.224,00	1.021,00	20	–
763,00	–	1.520,00	2.280,00	687,00	20	510,88
950,00	–	1.190,00	–	330,00	20 (Reihe) 25 (Wahl)	–
332,00	–	495,00	3.570,00	455,00	20/30	357,00
520,00	1.350,00	760,00	2.980,00	900,00	20/30	–
255,00		645,00		150,00	15	

3

2. für die Benutzung des Abschied-
    nahmeraums je angefangene
    60 Minuten   125,00 €.

(2) Bei Erd- und Gruftbestattungen sind folgende Ge-
     bühren zu entrichten:

1. für die Durchführung der Bestattung
    einschließlich der Benutzung des
    Leichenhauses   385,00 €;

2. für das Öffnen und Schließen eines Grabes:
    a) Erwachsene   438,00 €,
    b) Kinder   250,00 €;

3. für die Bestattung von
    a) Fehlgeburten (einschließlich der
       Gebühr für das Fötenfeld, das Be-
       hältnis und den Transport im Stadt-
       gebiet)   250,00 €,
    b) Totgeburten   160,00 €;

4. für eine Tieferlegung   250,00 €;

5. für den Mehraufwand bei einer Erdbe-
    stattung auf einem anderen Friedhof
    als aus dem Südfriedhof oder dem
    Westfriedhof   210,00 €.

(3) Bei Feuerbestattungen sind folgende Gebühren zu
     entrichten:

1. Für die Einäscherung von Leichen und Gebeinen,
    einschließlich Urne und Urnenbeschriftung
    a) Erwachsene   295,00 €,
    b) Kinder   186,00 €,
    c) Fehl- und Totgeburten   160,00 €;

2. für die Benutzung des Leichenhauses   55,00 €;

3. für eine Grundurne   45,00 €;

4. für das Umfüllen der Asche in eine
    andere Urne   20,00 €.

(4) Für Urnenbeisetzung, -transport und -versand sind
folgende Gebühren zu entrichten:

1. Öffnen und Schließen eines Grabes
    oder einer Nische   50,00 €;

2. Beisetzung der Urne   40,00 €;

3. für den Mehraufwand bei einer Urnen-
    beisetzung auf einem anderen Friedhof
    als dem Südfriedhof oder dem West-
    friedhof   110,00 €;

4. für die Versendung der Urne
    a) im Inland   55,00 €,
    b) in das Ausland   97,00 €;

5. für einen Urnentransport innerhalb
    des Stadtgebietes   42,00 €;

6. für die Herausgabe der Urne   25,00 €;

7. für die Annahme einer Urne oder
    Überurne   15,00 €.

(5) Für die Verlegung von Leichen, Gebeinen und Urnen sind folgende Gebühren zu entrichten:

1. innerhalb des Stadtgebiets
    a) Leiche oder Gebeine   1.420,00 €,
    b) Urne   160,00 €;

2. nach auswärts
    a) Leiche oder Gebeine   710,00 €,
    b) Urne   80,00 €;

(6) Für eine Exhumierung beträgt die Gebühr
                                                 710,00 €.

§ 10

Musikalische Ausgestaltung von Trauerfeiern und Abschiednahmen

(1) Die Gebühren zur musikalischen Ausgestaltung
von Trauerfeiern und Abschiednahmen betragen für:

1. die Benutzung vorhandener
    Instrumente   25,00 €;

2. ein Orgelsolo je Musikstück   22,00 €;

3. ein Trio auf dem Südfriedhof, dem
    Westfriedhof, dem Friedhof Reichels-
    dorf und in der Feuerbestattungsan-
    lage für zwei Musikstücke   96,00 €;

4. ein Trio auf den übrigen Friedhöfen
    für zwei Musikstücke   168,00 €;

5. die Nutzung von Audio-Anlagen   46,00 €.

(2) Für die Genehmigung von Musikdarbietungen, die
gegen Entgelt erbracht werden, beträgt die Gebühr
25,00 €.

§ 11

Spezielle Raumnutzungsgebühren

Folgende Raumnutzungsgebühren werden erhoben für:

1. die Benutzung einer Schauzelle
    je angefangene 60 Minuten   35,00 €;

2. den Sektionsraum pro Leiche,
    einschließlich Reinigungsarbeiten   275,00 €;

3. die Benutzung von Räumen für
    rituelle Waschungen   110,00 €;

4. die Zwischeneinstellung pro Tag   128,00 €;

5. die Nutzung der Kühlzelle ab dem
    zweiten Tag pro Tag   22,00 €;

6. die Benutzung des Einbettungsraums   55,00 €.

Auszug aus einer Gebührensatzung einer süddeutschen Großstadt

der Logik mancher Stadt- oder Gemeinderäte müssen die
Bestattungsgebühren erhöht werden, um die Kosten weiterhin zu decken. Das Drehen an der Preisschraube führt dann
dazu, dass noch mehr Urnenbestattungen stattfinden.

Doch es gibt auch andere Reaktionen. So hat beispielsweise die Stadt Halle (Saale) seit 2007 die Gebühren für
ein Erdbestattungsreihengrab von 1.359 auf inzwischen
651 Euro um mehr als 50 Prozent gesenkt, dafür aber die
Gebühren für ein Urnenreihengrab von 452 auf 617 Euro
angehoben. Es gibt auch andere Kommunen, die große
Grabflächen kostengünstiger anbieten und dafür kleine
verteuern. Allen gemein ist das Ziel, der Verwilderung von
Flächen auf Friedhöfen durch neue Nutzung zu begegnen.
Und es gibt auch Städte, die in den letzten Jahren die Gebühren durchgängig gesenkt haben.

Wenn Sie bei Ihrer Kommune Gebühren feststellen, die weit
über dem Durchschnitt liegen, sollten Sie nicht zögern, einzelne Ratsvertreter zu aktivieren. Die haben zwar die Gebührensatzung beschlossen, doch so mancher Beschluss
ist auf kommunaler Ebene schon ins Wanken gekommen,
weil ein paar Bürger kritisch nachgefragt und die Öffent-
lichkeit, sprich die örtliche Zeitung oder den Lokalsender,
informiert haben. Ob es sich lohnt, gegen außerordentlich
hohe Gebührenbescheide Widerspruch einzulegen und bei
Ablehnung zu klagen, kann letztendlich nur ein Gespräch
mit einer Anwältin oder einem Anwalt klären.

Kindergräber sind preiswerter

Gräber für Kinder unter fünf oder auch zehn Jahren kosten
üblicherweise nur einen Bruchteil der Erwachsenengrab-
stätte. Für Kinder unter zwei Jahren sind die Kosten meist
noch niedriger. Allerdings kann es vorkommen, dass
nicht nur die Ruhezeiten wesentlich kürzer sind als bei

Ausgewählte Bestattungsgebühren einzelner Städte (in Euro)					
Stadt	Erdbestattung Erwachsene *	Urnenbestattung (ohne Einäscherung)*	Benutzung der Trauerhalle z. T. mit Ausschmückung usw.	Pauschalgebühr	Anmerkungen
Berlin	228–285	91–97	58–159	–	
Bremen	769–843	128–153	150	–	
Dortmund	790	400–800	147–210	–	
Dresden	357–404	83–104	130	–	
Düsseldorf	699–1.234	361	208	–	
Frankfurt/Main	1.144–1.330	740	28–184	–	
Hamburg	765	42–229	138–295		
Hannover	424–820	270	239	–	
Jena	690–827	67–160	43–172	–	
Köln	432–995	176–337	198	–	
Leipzig	366–507	115	79–574		
Magdeburg	525	119	80–189	–	
Mainz	746–1.315	133	126–253	–	
Mannheim				721 1.577	bei Verzicht auf Einzelleistungen geringere Gebühr
München	1.276	1.161	incl.		incl. Verwaltungsgebühren
Oldenburg	439	93	240		
Passau	1.094	652	47–177		
Potsdam	481	165	33–179	–	
Saarbrücken	900–1.925	730–1.150	145–185		
Schwerin	406	298	122–243		
Stuttgart	1.663	311	181	–	Benutzung einer akustischen Anlage + 68 €
Wiesbaden	820	110–260	150	–	

* In einzelnen Städten mit Grabausschmückung und Sargträgern; Preise zuzüglich Verwaltungsgebühren; Stand: 20. Juni 2013; Werte z. T. auf volle Euro-Beträge gerundet; Preisänderungen sind jederzeit möglich. Siehe auch »Wichtiger Hinweis« auf Seite 82!

Grabnutzungs- und Bestattungskosten für FriedWald® oder RuheForst® (in Euro)					
	Anzahl in Deutschland	Einzelruhestätte an Gemeinschaftsbiotop/-baum	Einzelbiotop/ -baum	Partner-/ Familien-/ Freundschaftsbiotop/-baum	Beisetzung inkl. Urne
FriedWald® 1)	46	490	···⟩	2.700 bis 6.350	275
RuheForst® 2)	54	515 bis über 1.800³⁾	···⟩	2.500 bis über 9.500³	180–280

1) weitgehend einheitliche Preise in den Friedwäldern, vereinzelt Abweichungen möglich
2) keine einheitlichen Preise, Abweichungen je nach Träger der Ruheforste möglich
3) der hier genannte höhere Preis ist der Preis in der »Wertungsstufe 4« (besondere Lage, Baumgröße ...)
Stand: 5. Juli 2013; Preisänderungen sind jederzeit möglich.

Erwachsenen, sondern auch die Ruhezeit nicht verlängert werden kann.

Für Totgeborene unter einem Gewicht von 1.000 Gramm (in manchen Städten auch 500 Gramm) setzt sich eine Einzelbestattung immer mehr durch. In vielen Städten werden mehrere Totgeburten gesammelt und in einem gemeinsamen Sarg feuerbestattet. Es gibt Städte, in denen Bestattungen der »Schmetterlings-« oder »Sternenkinder« kostenlos durchgeführt werden, weil die Kommune oder Kirchengemeinde auf Friedhofsgebühren verzichtet und örtliche Bestattungsunternehmen einen Sarg für eine gemeinschaftliche Bestattung zur Verfügung stellen.

Seit Mai 2013 gibt es bundesweit ein Bestattungsrecht der Eltern für Totgeburten unter 500 Gramm. Sie dürfen inzwischen auch mit einem Namen beim Standesamt registriert werden.

Bestattungsgebühren

Neben den Grabnutzungs- werden kommunale oder kirchliche Bestattungsgebühren erhoben. Dazu zählen beispielsweise die Nutzung von Aufbewahrungsraum und Trauerhalle, das Ausheben des Grabes, das Orgelspiel, die Nutzung der Kerzenleuchter und manches mehr. Dabei sind manche Städte recht kreativ, besondere Gebühren zu finden. So gibt es beispielsweise in einer Stadt eine Gebühr für die »Erlaubnis von Lichtbildaufnahmen von aufgebahrten Leichen im Aufbewahrungsraum«; in einer anderen wird die Beheizung der Trauerhalle extra berechnet. Und in

Hinweis

In einigen Städten werden die Grabausgrünung und der Schmuck der Trauerhalle nicht von der Stadt erledigt, sondern von einem Beerdigungsunternehmer, der diese Leistungen entsprechend berechnet.

einzelnen Kommune gibt es einen »Frostzuschlag«. Keine Frage, lang anhaltender Frost stellt die Totengräber vor heftige Probleme beim Grabaushub. In manchen Fällen ist der Einsatz von Preßlufthämmern unumgänglich. Viele Kommunen sehen dies jedoch als »unternehmerisches Risiko«, das in die Gesamtkalkulation einfließt.

Die Benutzung von Trauerhalle, Leichen- oder Kühlzelle, Orgelspiel und Glockenläuten, Grabdeckung und Pflanzenschmuck, all das muss natürlich bezahlt werden. Wenn man sich näher mit den Preisdifferenzen für diese Leistungen auseinandersetzt, kommt man allerdings aus dem Staunen nicht heraus.

So kostet die Nutzung der Trauerhalle in einer Stadt gerade mal 80, in einer anderen über 250 Euro. Die Nutzung der

Trauerhalle auf dem Hauptfriedhof kann das Doppelte der Nutzung der Halle auf einem Vorortfriedhof kosten. Es gibt Kommunen, in denen die Trauergemeinde in 15 Minuten Abschied nehmen muss, falls die Hinterbliebenen für einen längeren Zeitraum nicht noch einmal in die Tasche greifen wollen. In der Regel steht die Halle jedoch 30 Minuten, auf einigen Friedhöfen auch eine volle Stunde zur Verfügung.

Zwar mag der Pflanzenschmuck für 15 Euro etwas kärglicher sein als der für 50, doch viele Städte berechnen diesen Service gar nicht erst extra. Dort ist er in der Nutzungsgebühr für die Friedhofskapelle enthalten. Denn der Aufwand, ein paar Lebens- oder Lorbeerbäume von Beerdigung zu Beerdigung nicht nur ein- und wieder wegzuräumen, sondern später auch noch gesondert zu berechnen, steht wohl in keinem vernünftigen Verhältnis zum Ertrag. Auch für die Nutzung des Kranzwagens werden auf manchen Friedhöfen Gebühren kassiert: mal sind es nur acht, mal sind es knapp 35 Euro.

Dass die Leichenzelle für 80 Euro größer und schöner ist als die für 26 Euro, wollen wir nicht ausschließen.

Auch die Musik hat ihren Preis. Da wird die Benutzung des Harmoniums mit 10 Euro in Rechnung gestellt; wer jedoch moderne Technik bevorzugt, muss für die Nutzung der Hi-Fi-Anlage auf dem gleichen Friedhof mehr zahlen. Auf einigen Friedhöfen, vorzugsweise im Osten, gibt es – kulturell bedingt – lediglich eine Musikanlage. Leutet die Totenglocke, kann dies nichts oder auch für 5 Minuten satte 40 Euro kosten. In einer Kommune kostet der Sargwagenbehang Extrageld, in einer anderen die Benutzung von Kerzenleuchtern.

Der Phantasie von Gemeinderäten, das Stadtsäckel zu füllen, sind offenbar keine Grenzen gesetzt. Wo liegt zum Beispiel die Berechtigung, für das Aufsetzen eines Grabhügels bei einem Wahlgrab bis zu 135 Prozent mehr zu verlangen als bei einem Reihengrab auf dem gleichen Friedhof? Dass das Wahlgrab etwas größer ist als das Reihengrab, erklärt wohl nicht diese hohe Differenz.

Sargträger werden macherorts von der Kommune gestellt, andernorts vom Beerdigungsunternehmer, und in manch einem Ort gibt es dieses Angebot gar nicht, weil Verwandte oder Nachbarn grundsätzlich den Sarg tragen. Dieser letzte Freundesdienst kann den Angehörigen einiges Geld sparen helfen. Zwischen 15 und 90 Euro pro Träger liegt die Spanne. Für einen Erwachsensarg rechnet man 4 bis üblicherweise 6 Träger, für einen Kindersarg 2 bis 4.

Die Gebühren für Aushub und Schließen des Grabes schwanken ebenfalls stark für eine Arbeit, die heute durchweg mithilfe kleiner Spezialbagger erledigt wird.

Wenn Sie Ihren Angehörigen, der in einer anderen Stadt gelebt hat, in Ihrem Heimatort beerdigen lassen wollen, müssen Sie nicht nur die Überführungskosten tragen, sondern Sie sollten auch die Kommune oder den Beerdigungsunternehmer nach eventuell höheren Gebühren befragen. Bis zu 50 Prozent mehr werden von einzelnen Städten in einem solchen Fall in Rechnung gestellt.

Urnenbeisetzung auf lange Sicht billiger?

Ob eine Urnenbestattung billiger als eine Sargbestattung ist, kann pauschal nicht gesagt werden. Zwar sind die Nutzungskosten für das Grab und die Kosten für die Grabpflege meist geringer als bei Sargbestattungen. Hinzu kommen jedoch die Kosten für die Kremierung. Da in kleineren Städten kein Krematorium vorhanden ist, müssen außerdem

Transportkosten zu einem der etwa 160 Krematorien einkalkuliert werden. Vor der Einäscherung muss eine gesonderte Leichenschau stattfinden, die in einigen Städten in den Kremierungskosten enthalten ist, in anderen vom zuständigen Amtsarzt oder vom Gesundheitsamt extra berechnet wird (rund 40 bis 60 Euro). Zudem erhöhen derzeit viele Kommunen die Kosten für Nutzungen von Urnengräbern (siehe Seite 82), während die Kosten für ein Erdgrab gleich gehalten oder gar gesenkt werden.

Viele Menschen glauben, dass die anonyme Urnenbestattung die preisgünstigste Bestattungsart ist. Sie ist jedoch oft teurer als die Bestattung in einem Urnenreihen- oder Urnenwahlgrab, das von Angehörigen gepflegt wird, da die Grabpflegekosten für die gesamte Ruhezeit sofort gezahlt werden müssen. Bei Gräbern, die Sie selbst pflegen, fallen die Kosten nach und nach an.

3

Gebührensatzung anfordern

Städte und Gemeinden erlassen Friedhofsgebührensatzungen, deren Änderung in der Regel unter der Rubrik »Amtliche Bekanntmachungen« oder als Anzeige in der örtlichen Tagespresse veröffentlicht wird. Wenn Sie aktuelle Zahlen wissen möchten, sollten Sie sich die Satzung zusenden lassen. Bei den meisten Stadt- oder Gemeindeverwaltungen können Sie kostenlos eine Übersicht anfordern, die manchmal einige Druckseiten füllt. Fragen Sie beim Garten- und Friedhofsamt, Standesamt oder bei der Bürgerberatung nach. Sollte es in Ihrem Ort nur Friedhöfe in kirchlicher Trägerschaft geben, wenden Sie sich an die entsprechende Kirchengemeinde.

Inzwischen finden Sie die Satzungen bei vielen Kommunen auf den städtischen Seiten im Internet. Ob Ihr Wohnort diesen – manchmal sehr versteckten – Service bietet, können Sie leicht feststellen, wenn Sie das Suchwort »Friedhofsgebührensatzung« zusammen mit dem Orts- namen in eine der gängigen Suchmaschinen oder auf der Homepage der Kommune im Suchbereich eingeben. Doch Vorsicht: Manchmal stehen noch veraltete oder auch meh- rere Fassungen im Netz, von denen nur eine aktuell ist. Und nicht jede Suchmaschine auf städtischen Seiten zeigt ein Ergebnis an, obwohl die Satzung von der Verwaltung ins Netz gestellt wurde. Da hilft oft die »Fahndung« nach dem Stichwort »Ortsrecht« weiter.

Da einige Kommunen das Friedhofwesen oder Teile davon in privatwirtschaftlich organisierte Tochterunternehmen ausgelagert haben, kann auch das der Grund sein, warum Sie auf kommunalen Seiten im Internet nicht fündig wer- den. So gibt es in der Gebührensatzung des Wirtschafts- betriebs Mainz beispielsweise seit Anfang 2010 keine Position mehr für die Kremierung. Das neue Krematorium hat auch eine neue Rechtsform: eine GmbH. Da der Konkur- renzkampf unter Krematorien sehr groß ist und einige pri- vate Krematorien Provisionen an Bestatter zahlen, lassen sie sich nur ungern in die Karten – sprich: die Preisliste – sehen.

Kosten für Totenbriefe und Anzeigen

Wer Verwandten, Freunden und Bekannten den Tod eines nahen Angehörigen anzeigen will, wird dies in aller Regel mit Totenbriefen tun. Diese drucken vor allem kleinere Dru- ckereien, die auch gleich die passenden Umschläge liefern. Gleiches gilt für die in einigen Regionen üblichen Sterbe- bilder beziehungsweise Totenzettel. Viele Bestatter lassen sich auch dieses Geschäft nicht entgehen und drucken die Briefe inzwischen selbst. Leider nicht immer mit einer Qualität, die dem Anlass angemessen wäre. Besonders ärgerlich ist Werbung für das Bestattungsunternehmen auf dem Totenbrief, auch wenn sie nur aus einer Zeile bestehen sollte.

Die Kosten hängen von der Art und der Größe des Totenbriefs (ein- oder zweiseitig bedruckter Brief oder nur einseitig bedruckte Karte), vom ausgewählten Papier und natürlich auch von der Auflage ab. Für einen zweiseitig bedruckten Brief im Format DIN A5 bei einer Auflage von 100 Exemplaren müssen Sie etwa mit Preisen von 100 bis 200 Euro einschließlich der Umschläge rechnen. Wie bereits erwähnt, sollten Sie die Auflage nicht zu knapp wählen. Erfahrungsgemäß fallen manchen Angehörigen beim Schreiben der Adressen noch zusätzlich einige Empfänger ein. Ein Nachdruck ist immer teurer, als die Auflage gleich großzügiger zu bemessen.

Totenzettel (Sterbebilder) mit dem Bild der oder des Verstorbenen, eines Kreuzes oder Kunstgegenstands kosten in einer Auflage von 50 Exemplaren etwa 80 bis 120 Euro. Sowohl bei Totenbriefen als auch bei den Bildern gibt es von Druckerei zu Druckerei wie auch regional erhebliche Preisunterschiede. Inzwischen kann man Sterbebilder auch online ordern.

Nicht anders sieht es bei Traueranzeigen in Tageszeitungen aus. Verlage berechnen Anzeigenpreise nach Millimetern. Wird Ihnen ein Millimeterpreis genannt, heißt das, dass ein Millimeter Anzeigenhöhe in einer Breite von in der Regel 45 Millimetern (eine Spalte) diesen Betrag kostet. Da es so schmale Todesanzeigen selten gibt, verdoppelt beziehungsweise verdreifacht sich der Preis, wenn Ihre Anzeige zwei oder drei Spalten breit ist (siehe Seite 98).

Dein Leben war Sorge für andere,
wir werden Dich nicht vergessen.

Wir trauern um meine liebe Schwester, unsere Schwägerin,
Tante und Freundin

Klara Müller

☆ 30. März 1938   † 10. Januar 2014
in Neustadt   in Altstadt

In Liebe und Dankbarkeit nehmen wir Abschied:

Karl Müller und Familie

Hedwig Meier geb. Müller

Seniorenheim Altersruh, Alpenstr. 70, Altstadt
Traueranschrift: Karl Müller
Neustraße 29, 99999 Neustadt

Der Trauergottesdienst wird gehalten am Dienstag, dem
14. Januar, um 10.30 Uhr in der Pfarrkirche St. Michael in
Altstadt, anschließend findet die Beerdigung auf dem alten
Friedhof statt.

117 mm

2 Spalten je 45 mm plus 1 mm Zwischenraum

Traueranzeige, 117 mm hoch, zweispaltig
Bei einem Millimeterpreis von beispielsweise 1,20 € kostet
diese Anzeige 2 × 117 × 1,20 € = 280,80 €.

Anzeigenpreise sind auflagenabhängig. Wenn Sie eine
Todesanzeige nur in der örtlichen Ausgabe Ihrer Zeitung
schalten, ist das billiger als die Anzeige in der Regional-
oder Gesamtausgabe. Viele Verlage haben Sonderpreise
für Familienanzeigen, die erheblich unter den Normalprei-
sen und oft auch deutlich unter den Preisen für Firmen-
nachrufe liegen.

Für unsere schwarz-weiße Musteranzeige müssten Sie
beispielsweise in der Gesamtausgabe von Kölner Stadt-
Anzeiger/Kölnische Rundschau 446,94 Euro, in der Berliner
Zeitung montags bis freitags 503,10 Euro, in der Frankfurter
Rundschau für den Großraum Frankfurt 549,90 Euro, in der
Hauptausgabe des Hamburger Abendblatts 601,47 Euro
und in der Rheinischen Post, Bezirksausgabe Düsseldorf,
245,70 Euro zahlen. Manche Verlage bieten im Preis noch
weiter reduzierte Standardformate an. Auch Traueranzeigen
gibt es inzwischen in einer farbigen Variante. Sie liegt im
Preis zwischen 10 und 20 Prozent über den üblichen An-
noncen. Bei einigen Zeitungen ist eine Anzeige im Internet-
Trauerportal für einige Monate inklusiv, bei anderen gibt es
diesen Service nur gegen Aufschlag. Wenn Sie zusätzlich
eine Danksagung in Auftrag geben, kann es sein, dass die
dann nur zum halben Preis berechnet wird. (Alle Preise ohne
Gewähr, Stand 6/2013.)

Bei den meisten Verlagen ist zum 1. Januar eines jeden
Jahres mit Preissteigerungen zu rechnen, bei anderen zum
1. Oktober. Allerdings bleiben die Preise für private Todesanzeigen oft über zwei bis drei Jahre konstant.

Sozialhilfe für die Bestattung?

Sozialhilfe umfasst nicht nur Hilfe zum Lebensunter-
halt, sondern auch Hilfe in besonderen Lebenslagen. In
§ 74 SGB XII (früher § 15 des Bundessozialhilfegesetzes)
wird bestimmt: »Die erforderlichen Kosten einer Bestattung werden übernommen, soweit den hierzu Verpflichteten nicht zugemutet werden kann, die Kosten zu tragen.«

»Verpflichteter« ist gemäß dem Bestattungsrecht der Bundesländer zunächst einmal der nächste geschäftsfähige
Angehörige; in der Regel sind das die Kinder oder auch die
Eltern, sofern sie noch leben. Die müssen auch dann für die
Kosten aufkommen, wenn zu dem Verstorbenen – aus welchen Gründen auch immer – kein Kontakt mehr bestand.
Deutsche Gerichte haben bisher kaum Ausnahmen von
dieser Regel zugelassen. Einen vollständigen Kostenerlass
wegen persönlicher Unzumutbarkeit, die Kosten zu tragen,
gibt es allenfalls dann, wenn beispielsweise der verstorbene Vater seine Tochter sexuell mißbraucht oder ein Mann
seine Frau – bevor er Selbstmord beging – fast tot geschlagen hat. Gleiches gilt nach dem Entzug des elterlichen
Sorgerechts wegen Misshandlung und Verwahrlosung.
War es dagegen »nur« ein Diebstahl, der das Verhältnis

[ ] Tipp:

Mittellose Sozialhilfeempfänger, die eine Erdbestattung
wünschen, sollten dies möglichst schriftlich festlegen
und unbedingt dafür sorgen, dass dieses Schreiben im
Todesfall schnell aufgefunden werden kann.

zerrüttet hat, und bestand deshalb seit Jahren kein Kontakt
mehr, ist das für viele Behörden und Gerichte kein Grund,
der Allgemeinheit die Kosten aufzuerlegen. Kein Wunder,

dass angesichts dieser Rechtsprechung Sozialämter sehr genau recherchieren, ob sich nicht doch noch ein »Verpflichteter« findet. Zu den Verpflichteten im Sinne des § 74 SGB XII zählen auch Erben und Erbengemeinschaften.

Die Zahl der Sozialbestattungen nimmt in allen Städten zu. Viele alte Menschen haben am Ende ihres Lebens nicht mehr genug Geld für die eigene Beerdigung auf dem Konto. Die jahrelangen Kosten für Pflege, Ärzte und Medikamente haben die Ersparnisse aufgebraucht. Es sind dann keine 500 bis 1.500 Euro mehr übrig, die heute je nach Kommune für eine Sozialbestattung – so die offizielle Bezeichnung – veranschlagt werden. So wird immer öfter das Begräbnis zur Behördensache. Einige Kommunen bezahlen zunächst den Bestatter und versuchen danach, das Geld bei Verwandten einzutreiben. Angesichts leerer Stadtkassen ändert sich diese Praxis zunehmend. Die Kommune zahlt erst dann, wenn alle möglichen Zahlungspflichtigen nachgewiesen haben, dass sie dazu nicht in der Lage sind. Wenn es davon viele gibt, kann das dauern. Inzwischen gibt es in mehreren Kommunen Klagen darüber, dass die Urne einige Wochen beim Bestatter stehen bleibt, bevor das Sozialamt dann endlich doch zahlt. Für die Angehörigen ist das eine starke Belastung.

Sozialämter übernehmen nur die ortsüblichen Kosten. Was als ortsüblich gilt, richtet sich häufig nach den jeweils gültigen Friedhofssatzungen, die allerdings nicht alle Kostenbereiche abdecken. Als nicht erforderlich und daher auch nicht übernahmefähig wird in der Regel alles angesehen, was die ortsüblichen Kosten übersteigt. Dazu zählen so gut wie immer laufende Grabpflegekosten. Ebenfalls nicht erstattungsfähig sind Trauerkleidung, Reisekosten zur Beerdigung und Kosten für Grablampen. Ob Ausgaben für eine Todesanzeige und Danksagungen sowie für eine Bewirtung übernommen werden müssen, ist strittig. Gleiches gilt für eventuelle seelsorgerische Leistungen und für die Nutzung der Trauerhalle. Dagegen sind höhere Kosten durch eine jüdische Bestattung oder eine rituelle Waschung nach islamischen Glauben auf Basis von Artikel 4 des Grundgesetzes zu übernehmen, falls der Verstorbene konfessionsgebunden gelebt hat.

Manche Kommunen haben Vereinbarungen mit den örtlichen Bestattern getroffen, um den Rahmen abzuklären und Höchstsätze festzulegen. In Berlin beispielsweise werden für Sozialbestattungen der Rahmenvertrag zwischen dem Land Berlin, der Bestatterinnung und dem Verband Deutscher Bestatter e. V. mit der dort festgelegten Preisliste herangezogen. Daraus geht hervor, dass auch eine Erdbestattung als Sozialbestattung möglich ist. Auch können dort die Kosten für die Feier in der Halle, für die Ausschmückung der Halle und Blumenschmuck für den Sarg übernommen werden. Informieren Sie unbedingt vor der Beauftragung eines Beerdigungsunternehmens den örtlichen Träger der Sozialhilfe darüber, dass er die Kosten übernehmen soll. Dort kann man Ihnen auch Beerdigungsunternehmen nennen, mit denen eine problemlose Abwicklung möglich ist, oder man stellt Ihnen einen Gutschein aus.

Da das Geld bei den meisten Kommunen knapp ist, wundert es nicht, dass die Klagen über Sozialbestattungen zunehmen. Viele Bestatter halten besonders einfach gehaltene und deshalb billige Särge bereit, die für Nicht-Sozialhilfeempfänger gar nicht erst angeboten werden. Es kommt nicht selten vor, dass Verstorbene ohne einsetzbares Vermögen und ohne Angehörige kremiert und in anonymen Gräbern bestattet werden, um Folgekosten zu vermeiden. Dies trifft insbesondere auf behinderte Menschen zu, die schon lange in Heimen lebten und deshalb inzwischen so gut wie mittellos waren. Betreuer, deren Betreuungsverpflichtung mit dem Tod endet, können somit kaum beeinflussen, in welcher Weise eine Bestattung vorzunehmen ist.

Zwar muss für eine Feuerbestattung eigentlich die **Einverständniserklärung des Verstorbenen** vorliegen, doch es ist strittig, ob diese auch in diesem Fall notwendig ist. Das nordrhein-westfälische Bestattungsgesetz legt in § 12 fest, dass die Gemeinde die Bestattungsart entscheidet, falls sie die Kosten trägt. Dabei **sollen** Willensbekundungen des Verstorbenen berücksichtigt werden, falls er beziehungsweise sie das 14. Lebensjahr vollendet hatte und geschäftsfähig war. Eine identische Vorschrift findet sich auch in § 27 des Bestattungsgesetzes des Saarlands, eine ähnliche in § 15 des Bestattungsgesetzes des Landes Schleswig-Holstein. Der Gesetzgeber hat sich in allen genannten Fällen leider nicht dafür entschieden, eine solche Willensbekundung als Verpflichtung für die Kommune festzuschreiben.

3

Die Kirchen treten in den letzten Jahren verstärkt dafür ein, auch Mittellose würdig zu bestatten. So hat das Diakonische Werk Berlin-Brandenburg-schlesische Oberlausitz e.V. eine Handreichung für Kirchengemeinden und evangelische Friedhöfe zur »Bestattung von Armen, Obdachlosen und Menschen ohne Angehörige als Aufgabe der Kirche« veröffentlicht.

In Neuss werden Verstorbene ohne Angehörige in Würde bestattet. Dazu gehören ein Sarg, die Aufbahrung in der Friedhofskapelle, eine Bestattung in einem Reihengrab und ein Holzkreuz, das den Namen des Verstorbenen trägt. Der Tote liegt auf dem Hauptfriedhof in einer Reihe mit anderen Verstorbenen. Und wenn bei jüdischen oder muslimischen Glauben für die Beisetzung ein besonderer Ritus vorgesehen ist, dann zahlt die Stadt das auch.

In Köln erfolgen Bestattungen, die im Auftrag des Ordnungsamts durchgeführt werden, ebenfalls nicht mehr anonym. Auch wenn Angehörige nicht bekannt sind, werden die Termine für Beerdigungen öffentlich angekündigt, damit Freunde oder Bekannte eine Trauerfeier organisieren können. Auch in Frankfurt am Main hat sich das Sozialamt inzwischen bereit erklärt, statt der anonymen Bestattung die nächst günstigere Grabart zu finanzieren.

Für andere Kommunen zählt leider nur der Preis. So lassen manche Städte mittellose Verstorbene in Nachbarländern kremieren und auch dort beisetzen, um Kosten zu sparen.

Bestattungsvorsorge

Wer in einer privaten Krankenversicherung versichert ist, kennt den Begriff in aller Regel nicht: Sterbegeld. Anders ist das bei älteren Versicherten einer gesetzlichen Krankenkasse oder Ersatzkasse (zum Beispiel AOK, BEK, DAK, KKH), für die bis 2003 noch ein Sterbegeld gezahlt wurde. Durch das Gesetz zur Modernisierung der gesetzlichen Krankenversicherung ist es ersatzlos gestrichen worden.

Besser haben es auch heute noch die Angehörigen von Beamten. § 18 des Gesetzes über die Versorgung der Beamten und Richter in Bund und Ländern (BeamtVG) in der Fassung vom 19. Juli 2006 beziehungsweise des nur für Bundesbeamte gültigen Gesetzes über die Versorgung der Beamten und Richter des Bundes in der Fassung vom 1. Juli 2009 bestimmt: »Beim Tode eines Beamten mit Dienstbezügen oder eines Beamten auf Widerruf im Vorbereitungsdienst erhalten der überlebende Ehegatte und die Abkömmlinge des Beamten Sterbegeld. Das Sterbegeld ist in Höhe des Zweifachen der Dienstbezüge oder der Anwärterbezüge des Verstorbenen ausschließlich der Auslands-

kinderzuschläge und der Vergütungen in einer Summe zu
zahlen ...«. Dies gilt nicht mehr nur für Ehegatten, sondern
auch für Partner in eingetragenen Lebenspartnerschaften
(BGH Az. IV ZR 267/04 und Az. IV ZR 16/09). Da die Länder
inzwischen die Gesetzgebungskompetenz in diesem Bereich haben, kann es landestypische Abweichungen geben.

Natürlich versuchen private Versicherungen (Sterbe-
kassen, Begräbniskassen) die Lücke zu füllen, die die
Gesetzesänderung hinterlassen hat. Private Sterbegeldversicherungen sollen an die Frau oder den Mann gebracht
werden. Sterbegeldversicherungen sind in der Regel eine
Form der Kapital-Lebensversicherung mit einer Versicherungssumme zwischen 4.000 und 10.000 Euro. Fast alle
Lebensversicherer haben solche Policen im Angebot. Die
Prämien sind zwar auf den Monat gesehen recht gering, die
Auszahlungen sind aber auch nicht gerade hoch. So kostet
beispielsweise eine Police mit einer Versicherungssumme
von 7.500 Euro für eine 58-jährige Person derzeit etwa
35 Euro pro Monat, also 420 Euro pro Jahr. Die Versicherungssumme wird beim Tod des Versicherungsnehmers
an einen Bezugsberechtigten ausgezahlt, meist jedoch
frühestens drei Jahre nach Versicherungsbeginn. Stirbt der
Versicherte vorher, werden die eingezahlten Beiträge zu-
rückgezahlt. Manche Versicherer zahlen jedoch nur einen
Teil davon.

Zahlen müssen Sie bis zum Alter von 65 oder häufig 85 Jahren. Es gibt auch Versicherungen auf feste Laufzeiten von
beispielsweise 25 Jahren. Danach läuft die Versicherung
beitragsfrei weiter. Wer lange lebt, zahlt je nach Versi-
cherungsabschluss mehr Geld ein, als seine Angehörigen
später ausgezahlt bekommen. Daran ändert auch die Über-
schussbeteiligung nichts, mit der Versicherungsvertreter
manchmal vollmundig werben. Wie hoch die Überschüsse
sind, die Versicherer erzielen, indem sie Kundengelder an

den Kapitalmärkten anlegen, kann niemand voraussagen, wie die Finanzmarktkrise in den vergangenen Jahren deutlich gezeigt hat.

Für Jüngere kann es lukrativer sein, eine Risikolebensversicherung mit entsprechender Versicherungssumme abzuschließen, um Angehörige abzusichern. Doch wer denkt in jungen Jahren schon an den eigenen Tod?

Sinnvoll kann es auch sein, einen bestimmten Betrag Monat für Monat anzusparen und auf ein **Geldmarkt-, Festgeld- oder einen Banksparplan** einzuzahlen. Allerdings liegen die Zinsen für solche Anlagen derzeit oft unter der Inflationsrate. Wichtig ist es, vor Abschluss eines solchen Anlagevertrags einen Blick auf die Kündigungsmöglichkeiten zu werfen, da das Geld kurzfristig benötigt wird. Sie sollten prüfen, ob bei langer Laufzeit des Vertrages ein Zugriff mit Zinsabschlägen jederzeit möglich ist.

Außerdem ist es möglich, bei einem Bestattungsunternehmen einen **Bestattungsvorsorgevertrag** zu schließen, in dem die Form der Bestattung, die Art des Sarges und andere Einzelheiten schon zu Lebzeiten festgehalten werden. Es wird eine bestimmte Summe für diese Leistungen festgelegt. Die Zahlung wird entweder den Erben überlassen oder die vereinbarte Summe wird sofort eingezahlt. Falls Sie sich für den Abschluss eines Vorsorgevertrags bei einem Bestatter entscheiden, sind ein paar wichtige Punkte zu beachten:

---> Zahlen Sie das Geld keinesfalls auf das Konto des Bestatters ein, auch wenn er sagt, es werde sicher angelegt. Zahlen Sie nur auf ein **Treuhandkonto** – zum Beispiel bei der »Deutschen Bestattungsvorsorge Treuhand AG«, damit beim Konkurs des Bestatters Ihr Geld nicht verloren geht. Die Deutsche Bestattungsvorsorge Treuhand AG ist eine Serviceeinrichtung des Bundesver-

bandes Deutscher Bestatter e. V., Düsseldorf, und des
Kuratoriums Deutsche Bestattungskultur e. V., Bonn.
····⟩ Sie können auch bei Ihrer Bank oder Sparkasse ein
Sparbuch mit Sperrvermerk einrichten, das auf Ihren
Namen für Rechnung eines Dritten – also des Bestat-
tungshauses – läuft.
····⟩ Sollten Sie Ihren zukünftigen Erben zutrauen, die
Beerdigung nicht nach Ihren Wünschen durchzufüh-
ren, um so das Erbteil etwas zu vergrößern, sollte der
Vertrag eine Vollmacht für den Bestatter über den Tod
hinaus enthalten.
Inzwischen bieten auch Sterbegeldversicherer Vorsorge-
pakete an, die neben der Begleichung der Kosten für die
Bestattung auch die für einen Teil der Friedhofsgebühren
beinhalten können.

3

Ob ein Vorsorgevertrag sinnvoll ist, muss jeder selbst
entscheiden. Wie man bestattet werden will, kann man
auch ohne Vertrag festlegen. Eine bestimmte Form ist
dafür nicht vorgesehen. Ein Gespräch darüber mit einem
Angehörigen oder Freund ist zwar ausreichend, aber nicht
unbedingt sinnvoll, wenn Auseinandersetzungen zwischen
demjenigen, der sich um die Bestattung zu kümmern hat
und anderen Verwandten oder auch Erben zu erwarten
sind. Allerdings sollten die Angaben zur gewünschten Beerdigung nicht im Testament stehen, da das in manchen
Fällen erst gefunden und/oder eröffnet wird, wenn der Verstorbene schon unter der Erde ist. Wer ganz sicher gehen
will, hinterlegt die Verfügung bei einem Notar.

Bestattungsvorsorgeverträge sind zwar bei richtigem
Vertragsabschluss sicher, aber nicht unbedingt vor dem
Sozialamt.

Wenn Rente, Pflegegeld und das Vermögen nicht ausrei-
chen, einen Heimplatz zu finanzieren, verlangen manche

Sozialämter, die Versicherung für die Bestattungsfürsorge aufzulösen, bevor Sozialhilfe gewährt wird. Beträge aus kapitalbildender Bestattungsfürsorge werden als verwertbares Vermögen betrachtet, das für die Deckung der Heimkosten herangezogen werden kann. Das führt dazu, dass die Betroffenen über die eigene Beerdigung nicht mehr bestimmen können. Gerade für alte Menschen ist das oftmals ein Schock, da sie sich entmündigt fühlen.

Fachleute sprechen nicht nur von einem Angriff auf die Selbstbestimmung, sondern auch auf die Würde der Betroffenen und drängen auf eine gesetzliche Regelung zugunsten der Betroffenen, auch wenn es inzwischen wohl einhellige Rechtsprechung ist, dass zweckgebundene Ersparnisse älterer Menschen für eine würdige, den persönlichen Vorstellungen entsprechende Bestattung in angemessenem Umfang Schonvermögen darstellen, die vom Sozialamt nicht angetastet werden dürfen (u. a. Bundessozialgericht, Urteil vom 18.3.2008, Az. B 8/9b SO 9/06 R). In den Leitsätzen heißt es dort: »Vermögen aus einem angemessenen Bestattungsvorsorgevertrag ist bei der Gewährung von Sozialhilfe nicht zu berücksichtigen; seine Verwertung stellt eine Härte dar, es sei denn, durch den Abschluss des Bestattungsvorsorgevertrags wurde das Vermögen in der Absicht gemindert, die Voraussetzungen für die Gewährung oder Erhöhung der Leistung herbeizuführen.«

Das Bundessozialgericht nennt allerdings keinen bestimmten Betrag. Es ist daher darauf abzustellen, welche Kosten notwendig sind, um dem Betroffenen eine angemessene Bestattung zu ermöglichen. Dabei kommt es immer auch auf örtliche Gegebenheiten an. So haben Gerichte Beträge bis zu 5.000 Euro in Einzelfällen anerkannt.

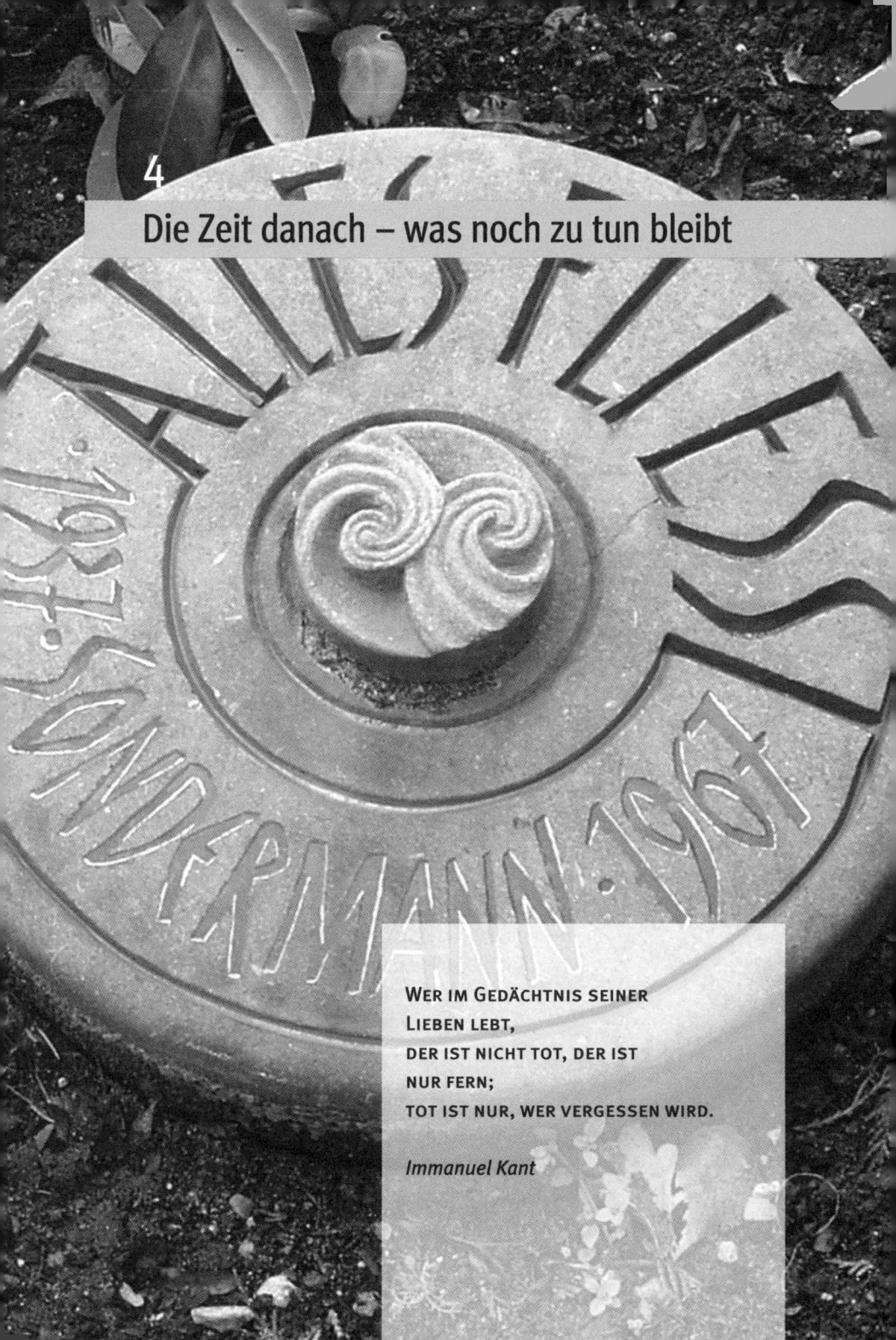

WER IM GEDÄCHTNIS SEINER
LIEBEN LEBT,
DER IST NICHT TOT, DER IST
NUR FERN;
TOT IST NUR, WER VERGESSEN WIRD.

Immanuel Kant

Von Arbeitgeber bis Zahlungen

Nicht nur vor der Bestattung, sondern auch in den ersten Tagen danach gibt es eine Fülle von Dingen, an die Hinterbliebene denken müssen und die erledigt werden müssen. Da müssen laufende Verträge geprüft und eventuell gekündigt werden, sind Fristen bei Versicherungen zu beachten und Geldgeschäfte oder Steuerfragen zu regeln. Lebte der Verstorbene allein, steht die Kündigung und die Auflösung der Wohnung an.

Ein paar Wochen später muss man sich dann Gedanken über die Gestaltung des Grabes machen.

Arbeitgeber informieren

Stand der Verstorbene in einem Beschäftigungsverhältnis, ist es wichtig, noch vor der Beerdigung den Arbeitgeber zu informieren; die Sterbeurkunde fügen Sie am besten gleich bei. Darüber hinaus können Sie mit dem Arbeitgeber die sofortige Übergabe der persönlichen Sachen des Verstorbenen, die sich noch am Arbeitsplatz befinden, und eventuell auch die Rückgabe von Dienstgegenständen an den Arbeitgeber vereinbaren. Inwieweit noch Gehaltsansprüche bestehen, klären Sie am besten mit der Personalabteilung. Es gibt keine einheitlichen Regelungen. Eventuell finden Sie einen Hinweis im Arbeits- oder im Tarifvertrag.

Versicherungen und Renten

Zur Vermeidung finanzieller Engpässe ist es günstig, zunächst die Organisationen zu benachrichtigen, bei denen ein finanzieller Anspruch besteht. Dies können sein:

⟶ **Lebensversicherungen** (Versicherungssumme),
⟶ **andere private Versicherungen** (Sterbegeld),
⟶ **Bestattungsvereine** (Sterbegeld),
⟶ **Rentenstelle** (Deutsche Rentenversicherung) bei verstorbenen Rentnern,
⟶ **Gewerkschaften** (Sterbegeld).

Krankenversicherung

Zur Abmeldung von Mitgliedern gesetzlicher Krankenkassen oder Ersatzkassen benötigen Sie die Sterbeurkunde. Bitte beachten Sie, dass **mitversicherte Familienangehörige bei gesetzlichen Krankenkassen automatisch nur noch einen Monat versichert sind!** Auch deshalb sollten Sie möglichst bald Kontakt mit der Kasse aufnehmen.

Die private Krankenversicherung endet mit dem Tod des Versicherten. Manchen Versicherungen reicht es, wenn Sie die Sterbeurkunde per Fax senden oder als Kopie schicken. Bitte nehmen Sie mit der Versicherung vorab Kontakt auf. Rechnungen von Ärzten und Krankenhäusern, die Sie nach dem Tod erhalten, reichen Sie bei der Versicherung ein. Falls das Konto, auf das das Unternehmen üblicherweise gezahlt hat, bereits aufgelöst ist, geben Sie das Konto an, auf das die Zahlung nun erfolgen soll.

Lebens- und Unfallversicherung

Beachten Sie, dass Lebensversicherungsunternehmen **»unverzüglich« zu benachrichtigen** sind, das heißt in der Regel innerhalb von 48 Stunden nach dem Tod des Versicherten. Die gleiche Frist gilt für Unfallversicherungen. Welche Unterlagen benötigt werden, steht in den Versicherungsbedingungen. Selbstverständlich erfahren Sie dies auch durch einen Anruf bei der Versicherung. Auf jeden Fall notwendig sind der Versicherungsschein und die Sterbeurkunde. Häufig wird auch ein ausführliches ärztliches oder amtliches Zeugnis über die Todesursache sowie über Beginn und Verlauf der Krankheit, die zum Tod geführt hat, verlangt.

Die Versicherungssumme aus der Lebensversicherung wird an den in der Police genannten Begünstigten und nicht etwa grundsätzlich an den oder die Erben ausgezahlt! Begünstigt kann ein guter Freund oder auch der oder die »Ehemalige« sein, wenn zum Beispiel nach einer Scheidung der Versicherungsvertrag in diesem Punkt nicht geändert wurde. Ist niemand benannt, wird der Betrag der Erbmasse zugeschlagen. In diesem Fall benötigt die Versicherung einen Erbschein.

Lebensversicherungen werden üblicherweise in einer Summe ausgezahlt, allerdings bieten Versicherungsunternehmen häufig auch an, den Auszahlungsbetrag zu verrenten. Dann erfolgt eine monatliche Rentenzahlung. Ob dies für Sie sinnvoll ist und ob Sie den Auszahlungsbetrag lieber selbst wieder anlegen möchten, sollten Sie genau prüfen.

Abmeldung bei der Rentenstelle

Die Meldebehörden übermitteln der »Deutschen Post Renten Service« sofort nach Speicherung eines Sterbefalles im Melderegister die Daten des verstorbenen Einwohners. Damit sollen unrechtmäßige Rentenzahlungen vermieden werden. Stellt die Post noch eine Rentenzahlung fest, wird diese eingestellt. Wird keine Rente ausgezahlt, leitet sie eine Mitteilung über den »Rentenabgleich« an die Datenstelle der Rentenversicherungsträger weiter. Hier wird die zugehörige Versicherungsnummer ermittelt und dem zuständigen Rentenversicherungsträger der Tod des

Versicherten mitgeteilt. Weitere Informationen zum Renten-
service erhalten Sie unter www.rentenservice.com.

Um eine Hinterbliebenenrente zu erhalten, muss ein Antrag
gestellt werden (siehe Seite 116).

Bankgeschäfte regeln

In den Fällen, in denen der Verstorbene nur die alleinige
Verfügungsberechtigung über die Bankkonten der Familie
besaß, können für die Hinterbliebenen finanzielle Engpässe entstehen, da zur Umschreibung oder Auflösung solcher
Konten in aller Regel ein Erbschein, zumindest jedoch ein
vom Gericht eröffnetes Testament notwendig ist (siehe
Seite 115). Sprechen Sie darüber zunächst mit der konto-
führenden Bank.

Die Erteilung eines Erbscheins müssen Sie bei dem Amtsgericht als Nachlassgericht beantragen, an dem der Erblasser seinen letzten Wohnsitz hatte. Wenn kein Wohnsitz
vorhanden war, ist das Amtsgericht zuständig, in dessen
Gerichtsbezirk der Erblasser seinen letzten Aufenthalt hatte. Lebte der Verstorbene im Ausland, ist das Amtsgericht
Berlin-Schöneberg zuständig.

4

Sie können, aber Sie müssen keinen Erbschein beantragen.
Rechtspfleger bei Nachlassgerichten beraten Sie, ob in
Ihrem Fall eine Ausstellung sinnvoll ist. Einen Erbschein
benötigen Sie aber auf jeden Fall, wenn
---> kein Testament vorhanden ist,
---> ein Grundstück zum Nachlass gehört und nur ein pri-
   vatschriftliches Testament vorhanden ist oder
---> wenn der Inhalt des Testaments nicht eindeutig ist.

Der Erbschein wird häufig auch zur Regulierung weiterer
Erbes benötigt, zum Beispiel zum Nachweis für Lebens-

versicherungen. In vielen Fällen kann es deshalb sinnvoll sein, zusätzliche Abschriften zu verlangen. Die Kosten für den Erbschein richten sich nach der Höhe des Erbes.

Um finanzielle Probleme bis zur Ausstellung des Erbscheins zu vermeiden, besteht die Möglichkeit, die Verfügungsberechtigung für das Bankkonto im Todesfall auf den Ehegatten, ein Kind (vorausgesetzt, es ist volljährig) oder auch eine andere Person Ihres Vertrauens zu erweitern. Sie können dafür bei der Bank eine Vollmacht hinterlegen, die es einer bezeichneten Person ermöglicht, nach einem Todesfall die Konten zur Bestreitung des laufenden Lebensunterhalts und zur Abdeckung der Bestattungskosten zu nutzen. Viele Banken halten als Vordruck eine entsprechende »Verfügung zugunsten Dritter für den Todesfall außerhalb des Erbganges« bereit. Falls Sie selbst eine solche Verfügung abschließen wollen, sollten Sie darauf achten, dass sie widerruflich ist.

Wurde schon zu Lebzeiten ein gemeinsames Konto gewählt, ein sogenanntes Oder-Konto, bleibt die Verfügungsberechtigung auch im Falle des Todes eines Partners bestehen. Eine entsprechende Verfügung ist auch schon bei Einrichtung eines Kontos – sei es nun Giro- oder auch Sparkonto – möglich. Die Verfügung können Sie jederzeit gegenüber Ihrer Bank oder Sparkasse widerrufen, falls die begünstigte Person nicht mehr Ihr Vertrauen besitzt.

Hat die oder der Verstorbene Geld langfristig angelegt, das Sie zur Deckung der Beerdigungskosten nicht benötigen, kann es – je nach Zinssituation – sehr sinnvoll sein, diese Verträge weiterlaufen zu lassen. Die Bank schreibt sie dann auf den oder die Erben um, falls sie einen Erbschein vorlegen können oder eine Verfügung über den Tod hinaus bestand. Ein weit verbreiteter Irrtum ist, dass solche langfristigen Bindungen nach dem Tod des Bankkunden automatisch beendet sind und die Beträge sofort frei werden.

Lassen Sie sich im Zweifelsfall von Ihrer Verbraucherzentrale beraten, bevor Sie Entscheidungen treffen.

In komplizierten Fällen oder wenn der Erbschein zur Sicherstellung der Zahlungsfähigkeit benötigt wird, können im weiteren Verfahrensverlauf eidesstattliche Erklärungen notwendig werden. Es müssen Angaben über familienrechtliche Verhältnisse, Testament und Erbvertrag gemacht werden, sodass es in solchen Fällen sinnvoll ist, sich gleich an einen Notar zu wenden.

Testament dem Nachlassgericht aushändigen

Sollten Sie im Besitz eines Testaments sein, sind Sie nach § 2259 des Bürgerlichen Gesetzbuchs verpflichtet, das Original umgehend beim zuständigen Nachlassgericht – das ist das Amtsgericht am Wohnsitz des Erblassers – abzuliefern. Falls Sie das Original per Post schicken, um keine weite Reise antreten zu müssen, sollten Sie dies nicht nur per Einschreiben mit Rückschein tun, sondern sich auch vorab bei

4

Tipp:

Falls es ein notarielles Testament oder einen Erbvertrag gibt, müssen Sie dem Nachlassgericht den Notar, den Tag der Beurkundung und die UR-Nr. des Notars mitteilen, sofern Ihnen diese Angaben bekannt sind.

einem Notar eine beglaubigte Kopie anfertigen lassen. Das kostet nur ein paar Euro, hilft jedoch sehr, Ärger zu vermeiden, denn auch Einschreiben sind schon verloren gegangen.

Das Gericht prüft nicht nur, ob es irgendwelche Auffälligkeiten am Testament gibt, sondern wird Sie eventuell auch auffordern, Ahnenforschung zu betreiben. Lassen Sie sich nicht erschrecken. Wenn Sie beispielsweise nicht alle genauen Geburts- oder Sterbedaten der »Kinder der Eltern

d. Verstorbenen, auch bereits vorverstorbene« wissen, dürfte das nicht tragisch sein. Die Daten werden zur Erbenermittlung und eventuell zur Benachrichtigung der Beteiligten erhoben. Das Testament wird vom Nachlassgericht »eröffnet«. Dazu ist zwingend die Vorlage der Sterbeurkunde erforderlich. Falls keine Erbprobleme zu erwarten sind, kann die Eröffnung auch ohne die Betroffenen geschehen. Falls Sie – zum Beispiel für Bankgeschäfte – einen Erbschein benötigen, können Sie diesen gleich bei der Ablieferung des Testaments beantragen.

Sollten Sie jedoch Erbschaftsauseinandersetzungen oder eine Nachlassüberschuldung befürchten oder Fragen haben, sollten Sie nicht zögern, sofort einen Anwalt, Notar oder auch einen Steuerberater einzuschalten. Verlassen Sie sich keinesfalls auf den »guten Rat« von Freunden oder Nachbarn! Bedenken Sie: Fast jeder Fall ist anders, und was vor fünf Jahren noch gültig war, kann inzwischen anders geregelt sein. Deshalb sollten Sie unbedingt Fachleute um Rat fragen.

Geld von der Rentenversicherung

Vom Todesfall zu benachrichtigen sind bei Rentenansprüchen der Hinterbliebenen möglicherweise:

- → die Rentenversicherung,
- → die betriebliche Unfallversicherung oder auch die Berufsgenossenschaft bei Arbeitsunfällen und Berufskrankheiten (Fristen beachten!) oder
- → das Versorgungsamt.

[ ] Tipp:

In einigen Bundesländern sind die Versorgungsämter aufgelöst. Die Aufgaben werden von anderen Ämtern wahrgenommen. Infos dazu finden Sie auf der privaten Webseite www.versorgungsaemter.de.

Wenn Ihr Partner stirbt, haben Sie unter bestimmten Umständen Ansprüche auf Witwen- beziehungsweise Witwerrente. Dies gilt natürlich auch dann, wenn der Verstorbene selbst noch kein Rentenbezieher war. Es gibt drei wichtige Voraussetzungen für die Zahlung:

····⟩ Die Ehe oder die eingetragene Lebenspartnerschaft muss rechtsgültig bestanden haben. Falls die Ehe bis zum Tod weniger als ein Jahr gedauert hat, muss sichergestellt sein, dass die Partnerschaft nicht überwiegend aus Versorgungsgründen eingegangen wurde.

····⟩ Es muss die allgemeine Wartezeit von fünf Jahren erfüllt sein; das heißt, dass der Verstorbene mindestens fünf Jahre in die Rentenkasse eingezahlt haben muss. Kindererziehungszeiten, Ersatzzeiten usw. werden angerechnet. Die Wartezeit gilt als erfüllt, wenn der Tod des Ehegatten unter anderem aufgrund eines Arbeitsunfalls oder einer Schädigung während des Wehrdienstes oder Zivildienstes eingetreten ist. Es genügt dann bereits ein Pflichtbeitrag. Für Berufsanfänger gilt die Wartezeit ebenfalls als erfüllt. Berufsanfänger in diesem Sinne sind alle Versicherten, die vor Ablauf von sechs Jahren nach Beendigung einer Ausbildung gestorben sind und in den letzten zwei Jahren vorher mindestens ein Jahr mit Pflichtbeiträgen haben.

····⟩ Es darf kein Rentensplitting unter Ehegatten durchgeführt worden sein.

Kleine oder große Rente?

Es wird zwischen großer und kleiner Witwen- oder Witwerrente unterschieden. Sie erhalten die große Rente, sofern Sie

····⟩ das 45. Lebensjahr vollendet haben oder

····⟩ erwerbsgemindert oder nach dem am 31. Dezember 2000 geltenden Recht berufs- oder erwerbsunfähig sind oder

····> ein eigenes Kind oder ein Kind des Verstorbenen erziehen, das noch nicht 18 Jahre alt ist. Hierzu zählen unter
bestimmten Voraussetzungen auch Stief- und Pflegekinder, Enkel und Geschwister. Das Gleiche gilt, wenn
Sie für ein behindertes eigenes Kind oder ein Kind des
verstorbenen Ehepartners sorgen, das sich nicht selbst
unterhalten kann unabhängig von dessen Alter.

Die Rente beträgt dann 60 Prozent der Rente des verstorbenen Versicherten wegen voller Erwerbsminderung. Für
Ehepaare, die nach dem 31. Dezember 2001 geheiratet haben oder bei denen beide Partner am 1. Januar 2002 noch
unter 40 Jahre alt waren (die also nach dem 1. Januar 1962
geboren wurden) gilt ein neues Hinterbliebenenrecht. Für
Betroffene gibt es nur 55 Prozent.

Sind die genannten Voraussetzungen für die große Witwenrente beziehungsweise Witwerrente nicht erfüllt, haben Sie nur Anspruch auf die kleine Rente, die 25 Prozent
der Rente wegen voller Erwerbsminderung des oder der
Verstorbenen beträgt. Diese Rente wird jedoch nur noch für
zwei Jahre gezahlt, es sei denn die Eheschließung lag vor
dem 1. Januar 2002.

[ ] Tipp:

**Ausführliche Informationen mit Beispielen enthält die
Broschüre »Hinterbliebenenrente: Hilfe in schweren Zeit«
der Deutschen Rentenversicherung, die Sie zum Download
unter www.deutsche-rentenversicherung.de auch im Netz
finden. Derzeit aktuell ist die Fassung 7/2012.**

Zum Ausgleich wird die Kindererziehung bei der Hinterbliebenenrente zusätzlich berücksichtigt. Hinterbliebene,
die Kinder erzogen haben, erhalten einen dynamischen
Zuschlag an persönlichen Entgeltpunkten, der zur Witwenrente oder Witwerrente geleistet wird.

Analog zur Regelaltersrente erhöht sich auch die für den Bezug der großen Witwen- beziehungsweise Witwerrente maßgebende Altersgrenze. Sie wird bei Todesfällen nach dem 31. Dezember 2011 stufenweise vom 45. auf das 47. Lebensjahr angehoben.

Einkommen wird angerechnet

Ihr Einkommen wird auf die Witwenrente beziehungsweise Witwerrente angerechnet, wenn ein Freibetrag überschritten wird. Das den Freibetrag überschreitende Einkommen wird aber nur zu 40 Prozent angerechnet. Diese Anrechnung kann dazu führen, dass die Witwenrente beziehungsweise Witwerrente teilweise gekürzt, in Extremfällen aber auch gar nicht mehr gezahlt wird. Während des Sterbevierteljahres wird eine Witwenrente beziehungsweise Witwerrente immer ungekürzt gezahlt.

4

Hinweis

Ansprüche auf Hinterbliebenenbezüge sollten Sie bald – spätestens jedoch innerhalb eines Jahres nach dem Todesfall – anmelden, da die Rente höchstens für einen Zeitraum von zwölf Monaten nachgezahlt wird. Auf Wunsch und gegen gesonderte Bezahlung übernimmt die Beantragung auch der Bestatter für Sie.

Der zu berücksichtigende Freibetrag beträgt seit dem 1. Juli 2013 monatlich 742,90 Euro (Ost 679,54 Euro). Er erhöht sich für jedes waisenrentenberechtigte Kind um 157,58 Euro (Ost 144,14 Euro). Der Freibetrag für die Einkommensanrechnung ist mit dem aktuellen Rentenwert verknüpft. So ist sichergestellt, dass er mitwächst, wenn die Renten erhöht werden. Die Überprüfung und eventuelle Anpassung erfolgt jeweils zum 1. Juli.

War Ihr verstorbener Partner bereits Rentenbezieher, können Sie – spätestens innerhalb von 30 Tagen nach dem
Todesfall – einen Antrag auf Vorschusszahlung beim Ren-
tenservice der Deutschen Post AG stellen (nähere Informationen unter ····⟩ www.rentenservice.com). Der Vorschuss
beträgt das Dreifache der für den Sterbemonat gezahlten
Rente und wird auf die späteren Witwenrentenansprüche
angerechnet. Der Antrag gilt zwar als Rentenantrag, er
reicht aber für eine Berechnung der Hinterbliebenenrente
nicht aus. Den formellen Rentenantrag müssen Sie deshalb
bei Ihrem Rentenversicherungsträger nachreichen.

Vollwaisenrente und Halbwaisenrente

Die Halbwaisenrente wird nach dem Tod eines Elternteils,
die Vollwaisenrente nach dem Tod beider Elternteile gezahlt, sofern von der beziehungsweise dem Verstorbenen
die allgemeine Wartezeit von fünf Jahren erfüllt worden ist.
Bezugsberechtigt sind
····⟩ leibliche oder adoptierte Kinder,
····⟩ Stiefkinder und Pflegekinder, die im Haushalt des Ver-
    storbenen lebten,
····⟩ Enkel und Geschwister, die im Haushalt des Verstor-
    benen lebten oder von ihm überwiegend unterhalten
    wurden.

Waisenrenten werden bis zur Vollendung des 18. Lebens-
jahres gezahlt. Die Zahlung verlängert sich bis längstens
zur Vollendung des 27. Lebensjahres bei:
····⟩ Schulausbildung oder Berufsausbildung,
····⟩ Ableistung eines freiwilligen sozialen oder eines frei-
    willigen ökologischen Jahres,
····⟩ Behinderung, sofern bestimmte Einkommensgrenzen
    nicht überschritten werden.

Die gesetzlichen Vertreter sind zur Antragstellung berechtigt. Wenn diese keine Einwände erheben, kann ein Minderjähriger nach Vollendung des 15. Lebensjahres den Antrag auch für sich selbst stellen.

Bei Waisenrenten wird Einkommen erst angerechnet, wenn die Waise über 18 Jahre alt ist.

> **Dringender Hinweis**
>
> Der Gesetzgeber hat das Sozialversicherungsrecht in den letzten Jahres in vielen Punkten immer wieder geändert. Wir empfehlen Ihnen, vor wichtigen Entscheidungen die Gültigkeit der hier dargestellten Rentenfragen zunächst zu überprüfen.

Erziehungsrente

Wenig bekannt ist, dass auch Geschiedene eine Rente erhalten können, wenn sie ein Kind erziehen und ihr früherer Ehepartner stirbt. Diese »Erziehungsrente« dient als Unterhaltsersatz. Sie gibt Betroffenen die Möglichkeit, sich verstärkt um die Erziehung der Kinder zu kümmern. Als Versicherte erhalten Sie diese Rente, wenn die folgenden Voraussetzungen erfüllt sind:

--→ Ihre Ehe ist nach dem 30. Juni 1977 geschieden, für nichtig erklärt oder aufgehoben worden oder bei Auflösung der Ehe vor dem 1. Juli 1977 richtete sich der Unterhaltsanspruch nach dem DDR-Recht,

--→ Ihr geschiedener Ehepartner ist gestorben,

--→ Sie sind unverheiratet geblieben und keine eingetragene Lebenspartnerschaft eingegangen und

--→ Sie erziehen ein eigenes oder ein Kind des früheren Ehepartners (auch Stief- und Pflegekind, Enkel oder Geschwister), das das 18. Lebensjahr noch nicht vollendet hat. Das Gleiche gilt für ein behindertes eigenes Kind oder Kind des früheren Ehepartners unabhängig vom Alter des Kindes.

···⟩ Da die Erziehungsrente eine Rente aus Ihrer eigenen
Versicherung ist und nicht aus der Versicherung Ihres
geschiedenen Ehepartners abgeleitet wird, müssen Sie
selbst die allgemeine Wartezeit von fünf Jahren bis zu
seinem Tod erfüllt haben.

Weiterführende Informationen

Welche Unterlagen der jeweilige Rentenversicherungsträger zur Bearbeitung der Rentenansprüche benötigt, können
Sie am besten telefonisch vorklären oder in den von einigen Versicherungsträgern eingerichteten Beratungsstellen
oder bei Ihrer Gemeinde (Rentenstelle, Versicherungsamt)
erfragen. In der Regel benötigen Sie die Sterbeurkunde,
den Rentnerausweis und Ihren Personalausweis.

Eine Fülle von Informationen zum Thema Witwen- und
Waisenrenten finden Sie im Internet unter www.deutsche-
rentenversicherung.de ···⟩ Rente & Reha ···⟩ Rente ···⟩
Grundwissen ···⟩ Rentenarten & Leistungen ···⟩ Renten an
Hinterbliebene (Stand: 7/2013).

Laufende Verträge prüfen

Auch alle privaten Versicherungen, wie beispielsweise
Auto-, Hausrat-, Haftpflicht- oder Rechtsschutzversicherun-
gen, sind nach einem Todesfall des Versicherungsnehmers
zu benachrichtigen. Ebenso müssen andere Vertragspartner
(zum Beispiel Bausparkassen) informiert werden. Bei dieser
Art der Verträge sollten Sie einzeln prüfen, ob eine Kündigung
beziehungsweise Auflösung sinnvoll ist. Sollte eine Weiter-
führung günstiger sein, können Sie sich in vielen Fällen für die
Übernahme der Verträge entscheiden. Um im Schadensfall
Ärger zu vermeiden, sollten Sie Versicherungsverträge keinesfalls einfach weiterlaufen lassen, es sei denn, Sie sind selbst
auch als Versicherungsnehmer in der Police eingetragen.

Tod beendet nicht alle Verträge

Außerdem stehen die Auflösung von Mitgliedschaften in Verbänden und Vereinen sowie die Kündigung von Zeitschriftenabonnements oder Mitgliedschaften in Buchclubs zur Erledigung an. Gelten bei den genannten Verträgen keine besonderen Kündigungsmöglichkeiten für den Todesfall, können Sie als Erbe unter denselben Voraussetzungen kündigen, die auch für den Verstorbenen galten. Auch hier beendet der Tod nicht automatisch das Vertragsverhältnis.

Sollte ein Fahrzeug auf die oder den Verstorbene/n angemeldet sein, muss dies baldmöglichst ab- oder umgemeldet werden. Denken Sie auch an Anhänger oder Wohnwagen. Zur Ummeldung auf Sie ist ein Erbschein erforderlich.

Um Verpflichtungen zu entdecken, von denen Sie möglicherweise keine Kenntnis haben, kann es sinnvoll sein, Kontoauszüge des letzten Jahres durchzusehen. Dort finden Sie schnell Hinweise auf Abbuchungsermächtigungen oder Daueraufträge. Abbuchungsermächtigungen sollten Sie mit dem Kündigungsschreiben widerrufen. Sollte trotzdem noch abgebucht werden, haben Sie jeweils sechs Wochen Zeit, das Geld durch die kontoführende Bank zurückbuchen zu lassen. Daueraufträge müssen bei der Bank oder Sparkasse storniert werden.

4

Falls Sie nicht im Haushalt des Verstorbenen leben, sollten Sie der Post einen Nachsendeauftrag erteilen. Auftragsformulare gibt es in jeder Postfiliale oder im Internet unter www.deutschepost.de (···⟩ Empfangen ···⟩ Nachsendeauftrag). Den Auftrag können Sie für ein halbes oder ein Jahr stellen. Für private Nachsendungsaufträge berechnet die Post 15,20 Euro für sechs Monate und 25,20 Euro für ein Jahr (Stand: 6/2013). Die Mindestvorlauffrist bis zur Umsetzung beträgt fünf Werktage. Bei Internetaufträgen erfolgt die Abrechnung über Ihre Kreditkarte, per Lastschrift oder

Online-Überweisung. Ausgenommen vom Nachsendeservice
im Inland sind Infopost und Infobriefe ohne Umhüllung,
Pressepost-Sendungen und Express-Sendungen; nachge-
sandt werden jedoch Streifbandzeitungen. Das Nachsenden
von Päckchen oder Paketen wird gesondert berechnet.

Mietvertrag kündigen?

Wohnte der Verstorbene zur Miete, ist es wichtig, den Vermieter zu informieren. Das Mietverhältnis wird bei Tod des
Mieters nicht automatisch beendet. Folgende Personen
können in den Mietvertrag eintreten:

---> der Ehegatte oder die Ehegattin beziehungsweise der
   oder die Lebenspartner oder Lebenspartnerin, falls
   mit ihm oder ihr ein gemeinsamer Hausstand geführt
   wurde,
---> Kinder und andere Familienangehörige, die mit dem
   oder der Verstorbenen im gemeinsamen Haushalt lebten und
---> andere Personen, die mit dem oder der Verstorbenen
   einen gemeinsamen Haushalt führten. Erforderlich ist
   dabei eine enge auf Dauer angelegte Lebensgemeinschaft, nicht aber eine reine Wohngemeinschaft.

Haben beispielsweise beide Ehepartner den Mietvertrag
unterschrieben, kann der überlebende Ehepartner den
Mietvertrag fortsetzen.

[ ] Tipp:

Da diese Regelungen nicht ganz einfach und die Fristen
recht kurz sind, sollten Sie sich im Zweifel an einen
Mieterverein oder einen Anwalt wenden.

Erben werden Mieter

Übernimmt keine der oben genannten Personen das Mietverhältnis, wird es automatisch mit den Erben fortgesetzt. Wenn die Erben das Erbe annehmen, müssen sie für Mietschulden und offene Betriebskostenforderungen aufkommen.

Wollen die Erben die Wohnung nicht weiter mieten, müssen sie nach dem Tod ihres Angehörigen den Mietvertrag kündigen. Das heißt: Als Erbe haben Sie einen Monat Zeit, das Mietverhältnis außerordentlich mit der gesetzlichen Frist zu kündigen. **Achtung:** Die Monatsfrist beginnt mit dem Zeitpunkt, in dem Sie vom Tod des Mieters und der Tatsache erfahren haben, dass keine der oben genannten Personen in das Mietverhältnis eintreten will. Zusätzlich müssen Sie zu der Monatsfrist mit der gesetzlichen Frist kündigen, das heißt, dass Sie nur spätestens bis zum dritten Werktag eines Kalendermonates zum Ablauf des übernächsten Monats kündigen können. Auch Samstag ist ein Werktag! Ein Erbe muss danach unter Umständen damit rechnen, für die Wohnung einige Wochen Miete zahlen zu müssen.

Alten- oder Pflegeheime führen oft lange Wartelisten. Deshalb sind Zimmer oder Altenwohnungen dort in der Regel bis zum Monatsende – wenn nicht sogar mit kürzeren Fristen – zu räumen. Das gilt auch dann, wenn Sie bereit sein sollten, noch einen Monat zu zahlen. Fragen Sie am besten umgehend die Verwaltung, falls Sie keinen Vertrag finden. Falls der Tod kurz vor Monatsende eintrat, sollten Sie Verhandlungen über eine Beendigung des Vertrags zur Mitte des Folgemonats führen, um nicht das Zimmer noch vor der Beerdigung räumen zu müssen.

Wohnung auflösen

In vielen Fällen stehen Hinterbliebene vor der schwierigen
Aufgabe, die Wohnung des Verstorbenen zügig aufzulösen. Diese Arbeit erfordert viel emotionale Kraft, vor allem
wenn Dinge verkauft oder weggeworfen werden müssen,
an denen der Verstorbene gehangen hat. In unserer Dienst-
leistungsgesellschaft gibt es natürlich auch Unternehmen,
die Ihnen diese Arbeit abnehmen. Trotzdem befreit Sie das
nicht von der Aufgabe, zunächst einmal alle Dinge im Haushalt durchzusehen, sich Erinnerungsstücke auszusuchen
oder auch nach wichtigen Unterlagen oder Geld zu suchen.
Gerade ältere Menschen verstecken manchmal Geld oder
verlegen es einfach. Sollten Sie noch auf DM-Banknoten
stoßen, ist das kein Problem: Die Filialen der Landeszen-
tralbanken tauschen die D-Mark zeitlich unbefristet, vom
Betrag her unbegrenzt und kostenfrei in Euro um. Banken
und Sparkassen nehmen keinen Umtausch vor.

Sollten Sie ein Unternehmen beauftragen wollen, die Wohnung aufzulösen, werden Sie oft im Kleinanzeigenmarkt
der örtlichen Tageszeitung fündig. Auch Bestatter oder
Berufsbetreuer verfügen über Adressen. Die Kosten für
diesen Service richten sich nicht nur nach dem Umfang der
Arbeit, sondern auch danach, ob Elektrogeräte, Möbel oder
Teppiche für den Entsorger noch verwertbar sind. Nehmen
Sie Kontakt mit mindestens zwei Unternehmen auf und las-
sen Sie sich unbedingt ein Angebot machen. Nicht alle Un-
ternehmen, die sich in diesem Markt tummeln, sind seriös.
Zahlung gegen Rechnung lehnen manche ab, und auch das
Ausstellen einer Quittung gehört nicht unbedingt zu den
Selbstverständlichkeiten. Solchen Unternehmen sollten
Sie keine Aufträge erteilen, da der Verdacht auf Schwarz-
arbeit nahe liegt.

Wohnungsauflösung für guten Zweck

Neben kommerziellen Unternehmen bieten auch karitative Verbände wie Caritas oder Diakonisches Werk auf Ortsebene Hilfen bei Wohnungsauflösungen an. Viele unterhalten Kleiderkammern oder Möbellager, zu denen Sie noch brauchbare Artikel bringen oder auch abholen lassen können. Empfehlenswert ist es, vorab dort anzurufen, um abzuklären, ob Kleidung gewaschen oder gereinigt werden muss oder welche Möbel überhaupt Verwendung finden können.

Telefon und Strom nicht vergessen

Liegt in der Wohnung ein Telefonanschluss, dann müssen auch die Telekom oder eine andere Telefongesellschaft, mit der ein Vertrag besteht, über eine etwaige Ummeldung oder Stilllegung informiert werden. Viele Witwen lassen den Anschluss einfach auf ihren Mann weiterlaufen, um so nicht als alleinlebende Frau im Telefonbuch erkennbar zu sein. Korrekt ist das nicht. Eine bessere Alternative ist ein Eintrag mit Vornamenskürzel oder ohne Adressangabe oder ein Verzicht auf eine Eintragung. Denken Sie auch an die Kündigung des Mobiltelefonvertrags.

Außerdem müssen die Stadtwerke oder andere Energieversorgungsunternehmen wegen der Anschlüsse für Wasser, Strom, Gas oder Fernwärme benachrichtigt werden.

Nicht zu vergessen ist der Beitragsservice (früher GEZ) wegen der Abmeldung von Rundfunk- und Fernsehgeräten. Eine Abmeldung ist nur für die Zukunft und für volle Kalendermonate möglich. Rückwirkende Abmeldungen, also für vergangene Monate, sind nicht möglich. Denken Sie unbedingt daran, auf dem Formular den Grund der Abmeldung anzugeben, da der Beitragsservice die Meldung sonst nicht

4

akzeptiert. Abmeldeformulare gibt es bei vielen Banken und Sparkassen und unter www.rundfunkbeitrag.de ····⟩ Anmelden und Ändern. Das ausgefüllte Formular müssen Sie dann per Post oder Fax an den Beitragsservice schicken.

Zudem sollten Sie Termine des Verstorbenen absagen.

Provider und soziale Netzwerke

Neben der Kündigung oder Änderung des Internetanschlusses beim Provider oder der Telefongesellschaft sollte die Mitgliedschaft in sozialen Netzwerken nicht vergessen werden. Nicht nur junge Menschen sind heute mit vielen persönlichen Daten und Fotos bei sozialen Netzwerken wie facebook, Google+, XING, StayFriends, Twitter oder anderen vertreten.

Für nahe Angehörige ist es oft eine große Belastung, wenn sie der verstorbene Partner oder das verstorbene Kind viele Monate nach dem Tod aus dem Netz anlächelt und dort auch noch eine Reihe persönlicher Daten veröffentlicht sind. Falls niemand die Zugangsdaten kennt, ist eine Löschung des Profils per Mausklick nicht möglich. Sie müssen grundsätzlich eingeloggt sein, um eine Mitgliedschaft beenden zu können.

Erst langsam entwickeln die Betreiber solcher Netzwerke eine Sensibilität für diese Situation. Google hat seit dem Frühjahr 2013 den Konto-Inaktivitäts-Manager eingeführt, der das digitale Leben nach dem Tod regeln soll. Der kann jedoch nur dann eingerichtet werden, wenn der User noch unter den Lebenden ist und Zugriff auf sein Konto hat.

Einfacher scheint es, zu Lebzeiten eine Liste mit Zugangsdaten anzulegen und sicher zu verwahren. Die Nachlassverwalter haben dann gleich Zugriff auf alle Userkonten. Allerdings sind die Möglichkeiten zur endgültigen Abmeldung oftmals so gut versteckt, dass sie selbst für geübte Nutzer kaum zu finden sind. Im Zweifel hilft eine Suchanfrage bei einer Suchmaschine weiter. Geben Sie dort beispielsweise ein»facebook Account löschen«, um Tipps und Hilfestellungen zu erhalten.

Sollten Sie mit den beschriebenen Möglichkeiten nicht klarkommen, empfehlen wir eine Kontaktaufnahme per E-Mail oder Brief unter der im Impressum der Website genannten Anschrift.

Danksagungen

Wenn Sie Danksagungen verschicken wollen, sollte dies drei bis vier Wochen nach der Beerdigung geschehen. Persönlicher als eine Anzeige in der örtlichen Presse ist eine Danksagungskarte oder ein Brief, bei dem Sie eventuell noch ein paar Worte an den Empfänger hinzufügen können. Falls Sie jedoch Namen oder auch Anschriften vieler, die an der Beerdigung teilgenommen haben, nicht kennen, sollten Sie – eventuell zusätzlich – eine Anzeige in der örtlichen Tageszeitung schalten. Für diese Anzeigen gelten dieselben Preise wie für Todesanzeigen (siehe Seite 96).

Wenn Sie den Text der Danksagung nicht selbst formulieren wollen, können Sie auf ein Muster des Bestatters zurückgreifen. Allerdings kann es dann passieren, dass an einem Tag auch noch eine andere Anzeige mit demselben oder ähnlichem Text erscheint.

Vorsicht: Bauernfänger

Wachsamkeit ist auch für die Zeit nach der Beerdigung angesagt. Es gibt leider Zeitgenossen, die selbst aus dem Tod eines Menschen noch Kapital schlagen wollen. Wenn Ihnen Rechnungen ins Haus flattern, die Ihnen zweifelhaft erscheinen, sollten Sie zunächst gar nicht zahlen und eine Vertragskopie verlangen. So erhalten zum Beispiel Witwen ab und zu Rechnungen für die Lieferung von Pornoheften, die weder bestellt noch je geliefert worden sind. Aus Scham werden solche Rechnungen leider allzu häufig beglichen.

Oder Sie erhalten eine Rechnung für einen Eintrag in einem »Sterbeanzeigen-Jahrbuch«. Es wird dann zwar mehr oder weniger klein darauf hingewiesen, dass es sich um eine Offerte handelt, doch gerade ältere Menschen haben mit solchen Schreiben, an denen meist sogar eine Zahlkarte hängt, Probleme. Viele von ihnen glauben, sie müssten zahlen. Sollten Sie unsicher sein, ob es sich um eine Verpflichtung handelt, fragen Sie beispielsweise bei einer Beratungsstelle Ihrer Verbraucherzentrale nach.

Die Gestaltung des Grabes

In vergangenen Jahrhunderten gab es auf Kirchhöfen wilden Bewuchs, und bis ins späte Mittelalter hinein war sogar die landwirtschaftliche Nutzung geregelt. Pfarrer besaßen das Recht zur Heu- und zur Obsternte. Denn mancher Kirchhof wurde im Stil von Obstgärten – dem Abbild des Paradieses – angelegt.

Heute gleichen manche Grabfelder eher einem Landschaftspark. Friedhöfe sind vor allem in Großstädten die unverzichtbaren grünen Lungen, die für Mensch und Tier zu Oasen im Beton werden. Bis zu 20 Prozent der Fläche einer Stadt werden von Friedhöfen eingenommen. Die Friedhöfe in Berlin beispielsweise nehmen insgesamt eine Fläche von rund zwölf Quadratkilometern ein, das entspricht etwa 800 Fußballfeldern. Die Gesamtfläche aller knapp 30.000 Friedhöfe in Deutschland lag nach Angaben des Statistischen Bundesamtes 2011 bei 361 Quadratkilometern (neuere Zahlen lagen bei Redaktionsschluss nicht vor). Durch die vielen alten Bäume und Sträucher haben sie eine enorme ökologische Bedeutung. Die Artenvielfalt ist wesentlich größer als in städtischen Parks. Und immer mehr ökologisch orientierte Friedhofssatzungen sollen garantieren, dass dies auch so bleibt.

4

Gestaltungsvorschriften

Vorschriften für die Grabgestaltung gibt es in Friedhofssatzungen nicht nur aus Umweltschutz-, sondern vor allem auch aus anderen Gründen. Über Geschmack lässt sich angeblich nicht streiten. Damit dies nicht doch – wie im Leben, auch nach dem Tode – passiert, haben Friedhofsverwaltungen für bestimmte Friedhöfe oder Teilbereiche

Gestaltungsvorschriften erlassen, die sichern sollen, dass die Würde dieses Ortes gewahrt bleibt.

Dort ist festgelegt, ob Grabeinfassungen mit Begrenzungssteinen erlaubt sind, ob das Grab mit Kies oder einer Steinplatte abgedeckt werden darf, welche Mindest- und Höchstmaße es für Grabmale und -steine gibt und aus welchem Material sie sein dürfen. Grabfelder ohne Gestaltungsvorschriften bieten, im Rahmen einer pietätvollen Gestaltung, die größten Freiheiten bei der Auswahl von Stein und Bepflanzung.

Etwa drei bis fünf Wochen nach der Bestattung werden üblicherweise Kränze und Blumen vom Grab abgeräumt. Verantwortlich dafür sind die Angehörigen. Kommen sie dieser Pflicht nicht nach, kann die Friedhofsverwaltung selbst abräumen oder einen Gärtner damit beauftragen. Danach ist das Grab zumindest provisorisch neu anzulegen. Ein früheres Abräumen ist wenig sinnvoll, da die Erde sich in diesem Zeitraum weiter verdichtet und die Arbeit der »ersten Aufhügelung« durch Nachsacken von Erde ansonsten zunichte gemacht würde.

[ ] **Tipp:**

Auf Exoten sollten Sie im Interesse der Tierwelt verzichten. Heimische Pflanzen bieten auf Großstadtfriedhöfen vielen Tieren Nahrung und Lebensraum.

Sie werden wohl nirgendwo Vorschriften darüber finden, welche Blumen auf die Beete zu pflanzen sind, aber in vielen Friedhofssatzungen ist geregelt, dass Sie nicht jeden Strauch oder Baum pflanzen dürfen, den Sie schön finden. In der Regel sind großwüchsige Bäume und Sträucher nicht zugelassen. Außerdem darf die Bepflanzung der Nachbargräber nicht beeinträchtigt werden.

Heimische Pflanzen wählen

Welche Pflanzen geeignet sind, darüber können Sie sich beim Friedhofs- oder auch bei jedem anderen Gärtner beraten lassen. Manche Pflanzen brauchen viel Wasser und erfordern deshalb in den trockenen Perioden fast täglich den Gang zum Grab, andere gedeihen nicht gut, weil zum Beispiel auf alten Friedhöfen große Bäume nur wenig Sonne auf das Grab fallen lassen. Für sonnige Gräber eignen sich Wacholder, Kiefer, japanischer Fächerahorn oder formgeschnittene Buchsbäume als Rahmenbeflanzung, für Gräber im Schatten können

»Alles was getrennt ist, findet irgendwann wieder zusammen.« Diese Mustergrabsteine auf der Landesgartenschau 2002 in Nordrhein-Westfalen zeigen, dass uniforme Gestaltungen nicht sein müssen.

4

Sie Rhododendron, Strauch-Efeu, Lavendelheide oder Eiben wählen. Bodendecker, die Sonne vertragen, sind Cotoneaster, Kriechwacholder, Stachelnüsschen, Buchsbaum und Sedum-Arten. Efeu, Immergrün, Euonymus und Waldsteinie sind Bodendecker, die eher im Schatten gedeihen.

Friedhofsgärtner empfehlen, etwa 60 Prozent der Grab-fläche für Bodendecker, rund 25 Prozent für langsam wach-sende Gehölze und die restlichen 15 Prozent für jahreszeit-

[ ] **Tipp:**

Provisorische Grabmale wie zum Beispiel einfache naturlasierte Holztafeln oder -kreuze müssen häufig innerhalb von zwei Jahren wieder entfernt werden. Sie sind üblicherweise nicht genehmigungspflichtig.

lich wechselnden Blumenschmuck vorzusehen. Falls Sie einen Grabstein errichten lassen wollen, sollten Sie dies bei der Pflanzung berücksichtigen, damit der Stein nicht immer wieder freigeschnitten werden muss.

Wenn Sie sich selbst um die Grabpflege kümmern wollen, aber keine Möglichkeit haben, im Sommer für das nötige Gießen zu sorgen, können Sie einen Friedhofsgärtner damit beauftragen. Das geht auch ohne Abschluss eines Grabpflegevertrages. Die Kosten sind regional unter-schiedlich und liegen zwischen 25 und 50 Euro je Saison.

Grabpflegevertrag abschließen?

In unserer mobilen Gesellschaft werden nahe Angehörige nicht immer da zu Grabe getragen, wo man selbst lebt. Wer nur ein- oder zweimal im Jahr den Friedhof besuchen kann oder will, kann die Pflege des Grabes einem Friedhofsgärt-ner übertragen. Dies kann von Jahr zu Jahr bei entspre-

chender Abrechnung geschehen (Jahresvertrag), aber auch
für eine längere Zeit durch Abschluss eines Grabpflegevertrages. Ein solcher Vertrag wird häufig gerade von älteren
Menschen oder Personen ohne oder mit weit entfernt
lebenden Angehörigen schon zu Lebzeiten abgeschlossen,
weil sie die Pflege des eigenen Grabes geregelt wissen
möchten.

Sie haben die Möglichkeit, einen Grabpflegevertrag über
einen bestimmten Zeitraum abzuschließen und das Geld
dafür auf ein Treuhandkonto bei einer der 24 Treuhandstellen beziehungsweise Genossenschaften im Bundesgebiet einzuzahlen. Dadurch wird gewährleistet, dass Ihr
eingezahltes Geld auch dann sicher ist, wenn der Friedhofsgärtner Pleite macht oder seinen Betrieb verkauft.
Außerdem nimmt die Treuhandstelle in regelmäßigen
Abständen Kontrollen der Grabpflege vor. Sollten dabei
Unregelmäßigkeiten festgestellt werden, kann der Auftrag
entzogen und an einen anderen Gärtner gegeben werden.
Zinserträge werden dem Treuhandkonto gutgeschrieben
und für Preissteigerungen oder unvorhersehbare Leistungen verwendet. Zusätzliche Informationen und Ansprech-
partner finden Sie bei der Arbeitsgemeinschaft Friedhofs-
gärtner-Genossenschaften und Treuhandstellen in Bonn
(www.grabpflege.de).

4

Im Vertrag können Sie festlegen, wie oft Ihr Grab be-
pflanzt werden soll, ob Gedenktage – zum Beispiel Ihr
Geburts- oder Todestag – berücksichtigt werden sollen
und Ähnliches mehr. Der Friedhofsgärtner richtet sich bei
der Gestaltung und Pflege nach örtlichen Gegebenheiten
und natürlich auch nach den Bestimmungen der jeweiligen Friedhofsatzung. Vertraglich festgelegt wird auch
die Laufzeit, die mindestens 5, in der Regel jedoch 10 bis
30 Jahre beträgt und bis zum Ende der Ruhefrist beziehungsweise Nutzungsdauer gewählt werden sollte.

Kosten richten sich nach Ansprüchen und Dauer

Je höher der Anspruch und je länger die Laufzeit, desto höher die Kosten, die bei 20-jähriger Laufzeit zwischen 2.500 Euro für ein Urnengrab und 5.000 Euro für ein Doppelgrab liegen können. Die Kosten für die gesamte Laufzeit des Vertrages werden bei Vertragsabschluss bezahlt. Die Berechnung erfolgt nach den Preisverhältnissen bei Vertragsabschluss. Beispiel: Bei Jahresleistungen in Höhe von 250 Euro für ein einfaches Grab (bis ca. 2 m²) und einer Laufzeit von 20 Jahren werden 250 x 20 = 5.000 Euro vorausbezahlt. Dazu kommt eine Bearbeitungsgebühr von rund 5 Prozent der Vertragssumme. Jeder Friedhofsgärtner macht Ihnen ein auf Ihre Bedürfnisse zugeschnittenes Angebot.

Kündigung für Erben ausschließen?

Wer die Pflege des eigenen Grabes über den Tod hinaus gegenüber möglichen Erben rechtlich sicherstellen will, kann bei Abschluss eines Grabpflegevertrages das Kündigungsrecht für die Erben ausschließen (Urteil des OLG Karlsruhe, Az. 11 U 154/88). Wenn Sie selbst zu Lebzeiten keinen Dauergrabpflegevertrag abschließen wollen, können Sie durch ein entsprechendes Vermächtnis zugunsten einer Treuhandstelle oder einer Genossenschaft für die spätere Pflege Sorge tragen. Am besten informieren Sie die entsprechende Treuhandstelle über Ihr Vermächtnis. Da bei der Formulierung des Textes Formvorschriften zu beachten sind, empfehlen wir vorab die Kontaktaufnahme mit einer Anwältin oder einem Anwalt.

Gerichte mussten sich inzwischen auch damit beschäftigen, ob Empfänger von Sozialhilfe einen Grabpflegevertrag kündigen müssen. Nach einem Urteil des Bundesverwaltungs-

gerichts vom 5. September 2003 (BVerwG, Az. 5 C 84.02)
gehören Zahlungen »eines Sozialhilfeempfängers, dem
nach dem geschlossenen Grabpflegevertrag ein Kündigungsrecht zusteht«, zum Schonvermögen. Eine Kündigung kann nur verlangt werden, wenn eine angemessene
Grabpflege erhalten bleibt und ein Teil der Vorauszahlung
zur Deckung des Lebensunterhalts zurückverlangt werden
kann. Im Zweifel sollte vor einer Kündigung anwaltlicher Rat
eingeholt werden.

Grabsteine – Namen zwischen Geburt und Tod

Wenn Sie einmal in Ruhe durch die Grabreihen eines Friedhofs gehen, werden Sie schnell feststellen, welche Gestaltung Ihnen zusagt. Dies gilt natürlich nicht nur für die Bepflanzung, sondern auch für Grabmale, die übrigens in aller
Regel genehmigungspflichtig sind. Um die kostenpflichtige
Genehmigung (20 bis 150 Euro) kümmert sich der Steinmetz, den Sie mit der Anfertigung des Steins beauftragen,
oder er sagt Ihnen zumindest, an wen Sie sich wenden
müssen. Sie können sich auch zunächst an das Garten- und
Friedhofsamt wenden. Sie haben Zeit, über die Gestaltung
des Grabmals nachzudenken und sollten sich durchaus bei
mehreren Steinmetzen zunächst einmal umsehen und auch
beraten lassen. Treffen Sie keine schnellen Entscheidungen, denn ein Grabstein ist zwar nicht für die Ewigkeit, aber
doch für viele Jahre ein für alle sichtbares Zeichen gegen
das Vergessen für den Verstorbenen.

Auf vielen Friedhöfen sind in Bereichen mit zusätzlichen
Gestaltungsvorschriften Findlinge oder findlingsähnliche,
grellweiße oder tiefschwarze Grabmale nicht zugelassen.
Darüber hinaus werden die Höchst- und Mindestmaße, die
Art von Schriften, Ornamenten und Symbolen und die Ma-
terialien für Grabsteine vorgeschrieben.

Viele Grabsteine werden heute zwar noch bei einem Steinmetz gekauft, von diesem aber gar nicht mehr hergestellt. Auch hier hat die industrielle Fertigung Einzug gehalten und sorgt so für Uniformität auf unseren Friedhöfen. Die fertigen Steine kommen häufig aus Indien, China oder auch Brasilien. Ob besonders billig angebotene Steine durch Kinderarbeit gefertigt werden, wie immer mal wieder behauptet wird, ist letztendlich kaum beweisbar.

Bei der Auswahl sollten Sie bedenken, dass der Stein zum Verstorbenen passen sollte. Besucher sollten auch im Grabstein erkennen können, wer da liegt. Wer Zeit seines Lebens Uniformität verabscheut hat, dem wird eine glänzende Marmorplatte, wie man sie auf vielen Gräbern findet, sicher nicht gerecht.

Nicht vorgeschrieben wird, was auf einem Grabstein stehen darf. Inschriften wie aus der Sammlung des Tiroler Kunstschmiedes Hans Guggenberger werden Sie heute allerdings kaum noch finden: »Hier schweigt Johanna Vogelsang – sie zwitscherte ihr Leben lang« oder »Hier liegt Martin Krug, der Kinder, Weib und Orgel schlug«. Vor über 100 Jahren ging man mit dem Tod und den Toten nicht so pietätvoll um wie heute.

Die Kosten für Grabsteine hängen natürlich in hohem Maß von Größe, Material und Gestaltung ab. Der geringste Preis dürfte wohl nicht unter 500 Euro liegen, nach oben gibt es kaum Grenzen. Bei individuell gestalteten Grabsteinen müssen Sie durch aus mit Preisen zwischen 3.000 und 5.000 Euro rechnen. Preiswerter kann beispielsweise eine Granitplatte sein, die auf das Grab gelegt wird. Solche Platten gibt es ab 250 Euro für ein kleines Grab. Zum Preis für einen Stein, eine Platte oder ein schmiedeeisernes Gedenkkreuz kommen die Kosten für die Inschriften hinzu, die Sie mit 6 bis 25 Euro pro Buchstabe veranschlagen können, sowie die Kosten für die Errichtung (100 bis 500 Euro), die in manchen Fällen bereits in den Preis für den Grabstein eingerechnet sind. Inzwischen werden von einer Kunstglaserei auch Glaskreuze angeboten, die mit Transparenz und leuchtenden Farben ein Zeichen der Hoffnung geben sollen. Der Preis für die feuchtigkeits- und UV-beständigen Glaskreuze aus Sicherheitsglas liegt je nach Ausführung zwischen 2.000 und 5.000 Euro.

Falls Sie eine Grableuchte aufstellen wollen, kommen je nach Material und Gestaltung der Leuchte Kosten zwischen 80 und 250 Euro auf Sie zu.

Viele weitere nützliche Informationen zur Errichtung von Grabmalen finden Sie unter www.grabmalportal.de. Einige Muster, die Ihnen Anregungen für die Gestaltung eines Grabsteins geben können, können Sie auf der Website www.grabmal-ted.de ansehen. Auch auf Landesgartenschauen finden sich häufig Mustergräber mit originellen Grabsteinen.

Auf alten Grabsteinen – wie auf diesem auf der Insel Föhr – kann man oft die Lebensgeschichte der Familie lesen.

Standfestigkeit wird geprüft

Grabsteine werden von Zeit zu Zeit durch die Friedhofsverwaltungen auf ihre Standfestigkeit geprüft, damit kein Besucher durch umstürzende Steine verletzt wird oder gar zu Tode kommt. Diese Prüfungen sind immer wieder Anlass für heftige Streitigkeiten zwischen Verwaltung und Nutzungsberechtigten. Ob der Stein noch standsicher ist, wird üblicherweise nicht per Hand, sondern mit Hilfe eines Messgeräts festgestellt. Bewegt sich der Stein bei einem bestimmten Druck, wird er entweder gleich flach gelegt, oder es wird ein Warnschild aufgeklebt. Die Messung selbst habe erst die Lockerung bewirkt, so die Behauptung mancher Betroffener, die für die neue Verankerung zwischen 300 und 700 Euro zahlen müssen.

Auf manchen Friedhöfen werden Gräber mit **Begrenzungssteinen** versehen, die alle Seiten umfassen. Die Steine werden in ein Betonfundament gelegt, damit sie nach einem möglichen Einfallen des Grabes nicht in das Grab selbst, auf das Nachbargrab oder den Weg kippen. Je nach Material – Grauwacke ist beispielsweise billiger als Granit – und nach Grabgröße variieren die Kosten: Mit 700 bis 2.000 Euro müssen Sie rechnen. Es gibt aber auch Friedhöfe, auf denen solche Einfriedungen genehmigungs- und kostenpflichtig sind. Informationen darüber haben die Steinmetze, die sich auch um die Genehmigung kümmern.

Steuer und Erbschaftsteuer

Auch wenn der Staat sich in vielen Fällen knauserig zeigt, hilft er Erben bei den Begräbniskosten. Unter bestimmten Umständen können diese Kosten nämlich bei der Einkommensteuererklärung steuermindernd geltend gemacht werden. Allerdings gilt dies nur, wenn die Begräbniskosten höher sind als der Nachlass und die Belastung nicht »zumutbar« ist.

Einkommensteuer – welche Belastung ist zumutbar?

Die zumutbare Belastung ist abhängig vom Gesamtbetrag der Einkünfte, vom Familienstand und der Zahl der Kinder. Ist die Summe der außergewöhnlichen Belastungen höher als die zumutbare Belastung, wird nur der übersteigende Betrag steuermindernd berücksichtigt.

Voraussetzung für eine Anerkennung als außergewöhnliche Belastung ist unter anderem, dass die Quittungen aufbewahrt werden und sich die Ausgaben im üblichen Rahmen bewegen. Bei der Höhe der angemessenen Kosten für ein Begräbnis ziehen Finanzämter und Finanzgerichte Grenzen. So hat das Finanzgericht Köln (Az. 12 K 784/09 vom 29.9.2010) geurteilt, dass höchstens 7.500 Euro als außergewöhnliche Belastung anzuerkennen sind.

Die Kosten für Trauerkleidung, eine eventuell notwendige Anreise zum Beerdigungsort und für die Bewirtung der Trauergäste kann man nicht steuermindernd geltend machen.

4

Zumutbare Belastung in Prozent vom Gesamtbetrag der Einkünfte			
Gesamtbetrag der Einkünfte	bis 15.340 €	über 15.340 € bis 51.130 €	über 51.130 €
ledig ohne Kinder (Grundtabelle)	5 %	6 %	7 %
verheiratet ohne Kinder (Splittingtabelle)	4 %	5 %	6 %
mit einem Kind oder zwei Kindern	2 %	3 %	4 %
mit drei oder mehr Kindern	1 %	1 %	2 %

Beispiel

Ein unverheirateter Steuerpflichtiger ohne Kind mit einem Gesamtbetrag der Einkünfte von 40.000 Euro, hat im Jahr 2010 Beerdigungskosten in Höhe von 3.000 Euro, die nicht vom Erbe gedeckt werden. Die zumutbare Belastung beträgt sechs Prozent von 40.000 Euro = 2.400 Euro (siehe Tabelle). Es erfolgt eine Minderung der steuerlichen Bemessungsgrundlage um 3.000 - 2.400 Euro = 600 Euro.

Genaue Informationen erhalten Sie entweder direkt vom Finanzamt oder von einem Steuerberater.

Änderung der Steuerklasse?

An der Besteuerung ändert sich bei Verheirateten im Todesjahr des Ehepartners zunächst einmal nichts, da in diesem Fall die zu Beginn eines Kalenderjahres geltenden Steuerklassen bis zum Jahresende beibehalten werden. Ist der Hinterbliebene selbst Arbeitnehmer, hat er jedoch das Recht des Steuerklassen-Tausches und kann somit die Einstufung in die Steuerklasse 3 erreichen. Dies ist mit

Wirkung vom Todestag des Ehepartners an möglich. Für
die Antragstellung gelten allerdings Fristen. Die Änderung
wird seit 2012 nicht mehr bei der Kommune sondern beim
Finanzamt beantragt.

Die Möglichkeit der Anwendung des Splittingtarifs bei der
Einkommensteuerveranlagung bleibt im Jahr des Todes des
Ehegatten und im darauf folgenden Jahr erhalten. Ob und
in welcher Ausgestaltung es den Splittingtarif zukünftig
weiterhin geben wird, ist immer wieder einmal in der po-
litischen Diskussion. Fachleute rechnen allerdings nicht
damit, dass es eine schnelle Änderung geben wird.

Vorsicht bei Nachlassüberschuldung

Es gibt eine Reihe von Menschen, bei denen die Erben nach
deren Tod feststellen, dass sie es mit den Angaben zu ihren
Einkünften bei der Abgabe von Steuererklärungen nicht
so genau genommen oder die recht komplizierten deutschen Steuervorschriften schlichtweg nicht verstanden
hatten. Falls die Finanzbehörden das ebenfalls merken,
kann es zu Nachforderungen kommen, die sich nicht nur
auf den hinterzogenen Betrag beschränken, sondern auch
Hinterziehungszinsen einschließen. Schon bei einem
vagen Verdacht sollten Sie einen Steuerberater oder eine
Steuerberaterin einschalten und sich über die notwendigen
Schritte informieren! Grundsätzlich gibt es die Möglichkeit
der Nacherklärung.

Sollte beispielsweise durch Steuernachforderungen die
Möglichkeit bestehen, dass die Verbindlichkeiten des
Nachlasses die Vermögenswerte überschreiten (Nachlassüberschuldung), sollten Sie zusätzlich einen Rechtsanwalt
oder eine Anwältin fragen, ob Sie das Erbe ausschlagen
sollten. Die Ausschlagung des Erbes befreit nicht davor,
eventuell Bestattungskosten übernehmen zu müssen!

Erbschaftsteuer

Vater Staat hält die Hand auf, wenn Sie aus traurigem
Anlass zu Geld kommen. Das Finanzamt erfährt vom
Nachlassgericht und auch von Banken oder Versicherungen, ob nennenswertes Vermögen den Besitzer wechselt.
Denn diese Institute sind verpflichtet, den Stand der Konten und eines Wertpapierdepots zum Todestag mitzuteilen,
sofern ein Betrag von 1.250 Euro überschritten wird.

Zudem trifft auch Sie als Erbe gemäß § 30 Erbschaftsteu-
er- und Schenkungsteuergesetz (ErbStG) die Pflicht, dem
Finanzamt innerhalb von drei Monaten das steuerpflichtige
Erbe anzuzeigen. Diese Drei-Monats-Frist beginnt mit Ablauf des Tages, an dem Sie von der Zuwendung Kenntnis
erlangt haben.

Auf eine solche Anzeige können Sie jedoch verzichten,
wenn das Finanzamt bereits durch das Gericht Kenntnis
vom Erbfall erhalten hat. Das ist beispielsweise dann der
Fall, wenn das Gericht aufgrund einer Testamentseröffnung
oder der Ausstellung eines Erbscheines unterrichtet wird.

Das Erbschaftsteuerrecht ist zum 1. Januar 2009 und zum
1. Januar 2010 reformiert worden. Die Höhe der Erbschaftsteuer richtet sich auch weiterhin zum einen nach der
Höhe der Erbschaft und zum anderen nach dem Verwandt-
schaftsgrad zum Erblasser. Grundsätzlich gilt: Je näher die
Verwandtschaft, desto weniger Steuer müssen Sie zahlen
(siehe Tabelle auf Seite 145).

Detaillierte Informationen zur Erbschaftsteuer würden den
Rahmen dieses Ratgebers sprengen. Wir empfehlen Ihnen
entweder eines der Ratgeberbücher der Verbraucherzentralen zum Thema Erbschaften oder die Konsultation eines
Steuerberaters.

Erbschaftsteuer-Freibeträge und Erbschaftsteuer-Sätze ab 1.1.2010						
Steuerklasse	**I**				**II**	**III**
Personenkreis	Ehegatte und eingetragene Lebenspartner*	Kinder	Enkel	Übrige Personen der Steuerklasse I (Eltern, Großeltern)	Geschwister, Neffen, Nichten, Stiefeltern, Schwiegerkinder, Schwiegereltern, geschiedener Ehegatte ...	alle übrigen Erben
Freibetrag in Euro	500.000	400.000	200.000	100.000	20.000	20.000
Zu versteuerndes Erbe nach Abzug des Freibetrags in Euro	**Steuersätze**					
bis 75.000	7 %				15 %	30 %
bis 300.000	11 %				20 %	30 %
bis 600.000	15 %				25 %	30 %
bis 6 Mio.	19 %				30 %	30 %
bis 13 Mio.	23 %				35 %	50 %
bis 26 Mio.	27 %				40 %	50 %
über 26 Mio.	30 %				43 %	50 %

Steuerklasse I für eingetragene Lebenspartner seit 1.1.2011, vorher Steuerklasse III
Quelle: Bundesministerium der Finanzen; ohne Gewähr

4

⁞ Beispiel

Eine Tochter erbt von ihrem verwitweten Vater 486.000 Euro. Nach Abzug ihres Freibetrags von 400.000 Euro sind noch 86.000 Euro mit einem Steuersatz von 11 Prozent (= 9.460 Euro) zu versteuern. Damit verbleiben von ihrem Erbe 476.540 Euro.

5

Danach ist nichts mehr wie es war –
Trauerbewältigung

TIR'D WITH ALL THESE,
FROM THESE WOULD I BE GONE,
SAVE THAT, TO DIE,
I LEAVE MY LOVE ALONE.

DIES ALLES MÜD'
MÖCHT ICH GEGANGEN SEIN,
LIESS ICH NICHT – STERBEND –
MEINE LIEB ALLEIN.

Shakespeare, Sonett 66

Die Zeit heilt keine Wunden

Die Luft zum Atmen ist plötzlich weg; das Leben bleibt stehen. »Warum?«, »Das kann nicht sein!«, »Das ist nur ein böser Traum!«: Gedanken wie ein Wirbelsturm, die uns nicht mehr loslassen. Nie mehr zusammen lachen, nie mehr miteinander reden, nie mehr streiten.

Einen geliebten Menschen zu verlieren, dass bedeutet auch, ein Stück seines eigenen Lebens abzugeben. In einer Gesellschaft, in der das Sterben weitgehend ausgeklammert wird, stehen wir plötzlich vor einer Situation, mit der wir nicht umgehen können: Denn der Tod ist endgültig. Fragen, die wir immer schon stellen wollten, bleiben jetzt für immer unbeantwortet. Zu spät. Streit, den wir eigentlich beilegen wollten, verfolgt uns jetzt, da wir die Hand zur Versöhnung nicht mehr reichen können. Gemeinsame Vorhaben können nicht mehr oder nur noch allein umgesetzt werden. Gemeinsame Ziele sind nicht mehr erreichbar. Von Träumen und Hoffnungen müssen wir uns endgültig verabschieden.

Die Welt bricht für uns zusammen und doch dreht sie sich weiter. Verzweiflung macht sich breit, manchmal auch Wut. Wut auf uns selbst, Wut auf Ärzte, Wut auf Gott. Aber auch Wut auf den geliebten Menschen, der gegangen ist. »Warum lässt Du mich allein?«, diese Frage wird nicht nur nach einem Suizid gestellt.

Wir erschrecken vor uns selbst, stehen ratlos vor den eigenen Reaktionen: »Und ich kann nicht einmal weinen!«; diesen Satz haben schon viele gesagt.

Trauer ist ein Ausnahmezustand in unserem Leben. Trauer wird von jedem Menschen anders erlebt. Und wir erleben Trauer anders, je nachdem, ob wir uns auf den Abschied vorbereiten konnten oder ob wir von jetzt auf gleich vor dieser Situation stehen, weil der Tod des Angehörigen durch einen Unfall oder einen Herzinfarkt verursacht wurde.

Erinnern heißt, dem Tod nicht das letzte Wort zu lassen

Trauer verschwindet nicht von selbst. Trauer will bewältigt werden. Zunächst einmal, indem wir sie zulassen. Trauer zu verdrängen ist sinnlos. Irgendwann überfällt sie uns doch. Nicht umsonst sprechen Psychologen von Trauerarbeit und von Trauerphasen, die wir durchleben, bis wir irgendwann wieder im Leben – in einem anderen, neuen Leben – ankommen, Vertrauen in unsere eigene Zukunft haben und auch wieder lachen können. Auch wenn dies danach klingt, dass Trauer für alle gleich ist, so ist sie gerade das nicht. Manch einer braucht Wochen, andere trauern Monate oder gar Jahre, bis sie in einem neuen Leben angekommen sind. Dabei gibt es Rückschläge, ein Auf und Ab auf diesem langen Weg. Es ist nicht einfach zu akzeptieren, dass ein geliebter Mensch endgültig nicht mehr da ist und das Leben nicht mehr so ist wie früher. Trauer ist der schmerzhafte Preis für unsere Liebe.

5

Wenn Sie nach einiger Zeit merken, dass Ihre Trauer steckenbleibt, sollten Sie mit Freunden oder Familienangehörigen über Ihr Empfinden reden, Ihre Gedanken einem Tagebuch anvertrauen oder Rat in einer Trauergruppe suchen, die es fast in jeder Stadt gibt. Volkshochschulen und Kirchengemeinden bieten von Fachleuten begleitete Seminare an oder vermitteln Kontakte zu Selbsthilfegruppen. Auch auf Webseiten von Krankenhäusern, Ärzten oder

Apotheken finden Sie oft Hinweise auf diese Gruppen. Mitarbeiterinnen und Mitarbeiter von Hospizen vermitteln manchmal Kontakte zu Gesprächskreisen oder Seminaren. Eine umfangreiche Linkliste finden Sie im Netz unter www. patiententelefon.de im Bereich »Trauer und Bestattung«. Wenn Sie selbst nicht die Kraft haben, in dieser Situation nach Hilfen zu suchen, bitten Sie eine gute Freundin oder einen guten Freund um Unterstützung. Bevor Sie sich auf ein Hilfsangebot festlegen, sollten Sie sich unbedingt über die Qualifikation derjenigen informieren, denen Sie sich anvertrauen. Sie benötigen professionelle Hilfe von Psychotherapeuten und keine von Menschen, die ihr eigenes Ego dadurch stärken, dass sie für andere nützlich sein wollen.

Während die Teilnahme an Selbsthilfegruppen in der Regel nichts kostet, müssen Sie für Seminare oder Gespräche mit Psychotherpeuten zahlen. Ob Ihre Krankenkasse die Kosten für Gesprächstherapien übernimmt, hängt von einer Reihe von Faktoren ab. Der Zugang zur Psychotherapie erfolgt bei gesetzlichen Krankenkassen in der Regel durch Überweisung des Haus- oder Facharztes. Private Kassen machen eine Behandlung eventuell von einer besonderen Genehmigung abhängig. Nehmen Sie unbedingt vorab Kontakt mit Ihrer Krankenversicherung auf!

Wenn Sie therapeutische Hilfe zunächst nicht in Anspruch nehmen wollen und es auch nicht schaffen, mit Personen zu reden, die Sie gut kennen, vertrauen Sie sich vielleicht fremden Menschen in Internetforen an. Die Anonymität dieser Gruppen hilft vielen, ihre wahren Gefühle zu zeigen und Hilfe anzunehmen. Geben Sie dort aber auf keinen Fall Ihren richtigen Namen an und vermeiden Sie die Weitergabe persönlicher Daten wie Telefonnummern und Adressen.

Anonym bleiben Sie auch bei einem Anruf bei der Telefon-
seelsorge, die nicht nur Seelsorge und Beratung am Hörer
anbietet, sondern auch im Internet einen Austausch per
Mail und Chat ermöglicht (kostenfreie Rufnummer innerhalb
Deutschlands: 0800-1110111; www.telefonseelsorge.de).

Wenn Trauer krank macht

Psychische Belastungen können physische Beschwerden
auslösen. Von Appetit- oder Schlaflosigkeit sind viele
Menschen betroffen, die einen schweren Schicksalsschlag
erleiden. Andere flüchten sich in einen »Dauerschlaf« oder
essen viel mehr als gewöhnlich. Aber auch Magen-, Kopf-
Brust- oder Rückenschmerzen sind häufige Begleiter von
Trauer und Angst. Konzentrationsmangel oder Gereiztheit
treten nicht selten auf und belasten den Kontakt zu anderen Menschen.

Ob in solchen Situationen der Griff zu Medikamenten sinnvoll ist, können letztendlich nur Ärztin oder Arzt entscheiden, mit denen Sie offen über Ihre Probleme reden sollten.
In den ersten Tagen nach dem Tod eines lieben Menschen
zu leichten Schlafmitteln wie Baldriantropfen zu greifen
oder Kopfschmerzen mit Schmerztabletten zu bekämpfen,
dagegen gibt es meist keine Bedenken. Auf Dauer sind
Medikamente allerdings keine Problemlöser. Besser ist es,
wenn Sie sich durch Fachleute bei der Bewältigung psychi-
scher Probleme helfen lassen, um so die Ursachen für die
körperlichen Beschwerden zu bekämpfen. Dies gilt besonders dann, wenn Sie zu Depressionen neigen.

5

Trauernden helfen

Da wir den Tod heutzutage weitgehend aus unserem Leben verdrängen, können wir auch nur schwer damit umgehen, Trauernden unsere Hilfe anzubieten und zu trösten. Nicht jeder Mensch ist in dieser Situation ein guter Ratgeber. Hier ist Zuhören gefragt. Und gerade das können heute viele nicht mehr. Zu schnell sind sie mit Ratschlägen bei der Hand. »Ratschläge sind auch Schläge«, sagen Psychologen. Manchmal ist das wirklich so, wenn man Sätze hört wie »Das wird schon wieder« oder »Du musst jetzt aber mal aufhören mit Deiner Trauer«. Gut gemeint vielleicht; aber nicht jeder Rat ist einer solchen Ausnahmesituation eine Hilfe für die wunde Seele.

Nicht immer bedarf es dazu großer Worte. Manchmal ist es schon ein guter Anfang, Trauernde einfach in den Arm zu nehmen und auf diese Weise Mitgefühl zu äußern. Vielleicht zeigen Sie mit einem kleinen Blumenstrauß, den Sie nicht mit zum Friedhof nehmen, sondern dem Menschen bringen, der Trost braucht, dass Ihnen nicht nur der oder die Tote, sondern auch die Überlebenden wichtig sind.

Ob ein Kondolenzbesuch angebracht ist, hängt auch davon ab, ob eine große Familie den direkt Betroffenen auffängt oder nicht. Versuchen Sie konkrete Hilfe anzubieten: »Soll ich die Adressen für die Trauerkarten schreiben?«, »Soll ich mich am Beerdigungstag um auswärtige Gäste kümmern?«, »Brauchst Du Hilfe bei der Wohnungsauflösung?« Denn damit bieten Sie Hilfe für Dinge an, an die der oder die Betroffene möglicherweise noch gar nicht gedacht hat. Das ist häufig sinnvoller als der Satz: »Wenn Du Hilfe brauchst, bin ich für Dich da.«

Und denken Sie daran, dass viele Hinterbliebene erst nach der Beerdigung »in ein Loch fallen«, weil sie erst dann realisieren, dass der Platz an ihrer Seite auf Dauer leer bleibt. Eine Einladung zu einem persönlichen Gespräch oder zu einem Spaziergang kann eine große Hilfe sein. Laden Sie Trauernde auch weiterhin zu Festen ein, auch wenn Sie sicher sind, dass Sie zunächst einmal eine Absage bekommen. Aber schicken Sie keine Einladungskarte oder eine E-Mail, sondern greifen Sie zum Telefon, um über die Einladung zu reden und eventuell Verständnis dafür zu zeigen, dass sie nicht angenommen wird. Trauer ist ein Prozess, der dauert. Helfen Sie mit Verständnis für diese schwierige Lebenssituation, auch wenn Sie möglicherweise einmal zurückgewiesen werden.

AN EINEM MORGEN IM APRIL
KURZ BEVOR DIE NACHT VERSCHWAND
NAHMST DU ABSCHIED HIER GANZ STILL ...

UND DRAUSSEN IST FRÜHLING
DABEI MÜSST ES DOCH SCHNEI'N
ÜBERALL HÖR ICH LACHEN
WARUM KANN ICH NICHT WEINEN ...

Rosenstolz

5

6

Was soll geschehen?
Eine Hilfe für Angehörige

Friedhof an der Kirche »Zur Himmelspforte«, Hohegeiß, Harz

ICH BIN NICHT TOT,
ICH TAUSCHE NUR DIE RÄUME,
ICH LEB' IN EUCH
UND GEH' DURCH EURE TRÄUME.

Michelangelo

Checkliste zu Dokumenten

Wer nach einem plötzlichen Todesfall schon einmal miterlebt hat, was alles schnell geregelt werden muss, weiß,
dass nahe Angehörige oft damit überfordert sind, wichtige
Unterlagen zu finden und an Termine zu denken, die unbedingt einzuhalten sind. Helfen Sie Ihrem (Ehe-)Partner,
Ihren Kindern oder auch anderen, diese Situation zu meis-
tern. Wir helfen Ihnen mit der folgenden Liste, an die wichtigsten Dinge zu denken. Sie finden die Liste zum Ausfüllen
am Computer auch unter www.vz-ratgeber.de/checkliste-
bestattung im Internet.

[ ] Tipp:

**Bitte vergessen Sie nicht, dass die Liste schnell gefunden
werden muss, wenn sie helfen soll. Deshalb sollten Sie
Familienmitglieder oder Freunde frühzeitig darauf auf-
merksam machen und zeigen, wo sie aufbewahrt wird.**

Da sich die in der Liste gemachten Angaben im Laufe der Zeit
ändern können, empfehlen wir Ihnen, die Seiten vor dem
Ausfüllen zu kopieren und einmal im Jahr zu überprüfen.

■ Personal-   Mein Personalausweis befindet sich in aller Regel:
ausweis

_____

■ Stammbuch   Das Familienstammbuch (Heiratsurkunde) liegt:

_____

_____

Das Scheidungsurteil ist zu finden:

_____

_____

Ich wünsche eine

☐ Erdbestattung in einem Wahlgrab

☐ Erdbestattung in einem Reihengrab

☐ Feuerbestattung mit Urnenbeisetzung in einem Wahlgrab

☐ Feuerbestattung mit Urnenbeisetzung in einem Reihengrab

☐ Feuerbestattung mit Urnenbeisetzung in einem Kolumbarium

☐ Feuerbestattung mit Urnenbeisetzung in einem Baumgrab

☐ Feuerbestattung mit Beisetzung auf einer Aschestreuwiese

☐ Feuerbestattung mit Urnenbeisetzung in einer Urnenstele

☐ halbanonyme Bestattung (Bestattung in einem Gemeinschaftsgrab mit Gestaltungselementen)

☐ anonyme Bestattung

☐ Seebestattung (Begründung angeben!)

■ Bestattungsverfügung

_____

_____

_____

_____

Ich möchte beerdigt werden in einem:

■ Sarg

☐ Kiefernsarg

☐ Eichensarg

☐ Ökosarg

6

Anmerkungen (Farbe; Design, ...):

_____

_____

_____

■ **Bekleidung**   Ich möchte – falls zulässig – in folgender Kleidung beerdigt werden:

_____

_____

_____

_____

_____

■ **Trauerfeier**   Es soll
☐ eine kirchliche
☐ nicht-kirchliche
☐ keine
Trauerfeier stattfinden.

Es besteht ein Bestattungsvertrag mit dem Bestattungsunternehmer:

_____

_____

Der Vertrag befindet sich:

_____

_____

Auf diesen Vertrag sind Zahlungen geleistet worden in
Höhe von:

_____

Es besteht ein Grabnutzungsvertrag mit der ■ **Grab**
☐ Stadt:

_____

☐ Kirchengemeinde:

_____

Grab-Nr.:

_____

auf dem Friedhof:

_____

_____

Falls möglich, möchte ich in diesem Grab beerdigt werden.

Folgende Personen sollen von meinem Tod durch einen ■ **Benachrich-**
Totenbrief benachrichtigt werden: **tigung**

_____

_____

_____

_____

_____

_____

6

_____

_____

_____

_____

_____

_____

_____

_____

Falls der Platz nicht reicht:
Eine vollständige Liste mit Anschriften befindet sich:

_____

_____

■ Anzeige in der   Es soll
  Tageszeitung   ☐ eine
                      ☐ keine
                      Anzeige in der folgenden Tageszeitung erscheinen:

_____

_____

Statt Blumen- oder Kranzspenden bitte ich um eine Spende
an folgende gemeinnützige Institution:

_____

_____

_____

_____

Konto (IBAN):

_____

bei Bank/Bankleitzahl (BIC):

_____

_____

Ich wünsche mir folgende Blumen/Pflanzen zur Ausschmü-   ■ **Blumen**
ckung des Sarges und/oder der Trauerhalle:

_____

_____

_____

_____

Nach der Beerdigung soll eine Trauerfeier in folgendem   ■ **Trauerfeier**   6
Restaurant/Café stattfinden:

_____

_____

_____

■ **Testament**   Mein Testament ist hinterlegt bei/im:

_____

_____

■ **Erbvertrag**   Der Nachlass ist durch einen Erbvertrag geregelt. Der Vertrag wurde bei Notar

_____

_____

geschlossen und ist hinterlegt bei:

_____

_____

_____

_____

■ **Lebens-**   Es besteht eine Lebensversicherung in Höhe von Euro
versicherung
_____

bei:

_____

_____

_____

_____

Laut Versicherungsbedingungen ist die Versicherungs-
gesellschaft innerhalb eines Zeitraums von
____ Stunden von meinem Tod zu unterrichten.

Als Begünstigte/r ist benannt:

_____

Die Versicherungspolice hat die Nummer

_____

und befindet sich bei/im:

_____

_____

_____

Es besteht eine Unfallversicherung in Höhe von Euro   ■ Unfall-
                                                                versicherung
_____

bei:

_____

_____

_____

Laut Versicherungsbedingungen ist die Versicherungs-
gesellschaft innerhalb eines Zeitraums von
____ Stunden von meinem Tod zu unterrichten.

Die Versicherungspolice hat die Nummer

_____

6

und befindet sich bei/im:

_____

_____

_____

_____

Sollte mein Tod durch einen Unfall in einem Fahr-/Flugzeug
eingetreten sein, und die Fahrkarte, der Flugschein oder
die Tankrechnung wurden mit einer meiner Kreditkarten bezahlt, besteht – gegebenenfalls – eine Unfallversicherung
durch die Kreditkartengesellschaft. Die Vertragsunterlagen
befinden sich bei/im:

_____

_____

_____

**■ Kranken-
versicherung**

Meine Krankenversicherung hat die Versicherungsnummer:

_____

_____

bei (Krankenkasse/Versicherungsgesellschaft):

_____

_____

_____

_____

Meine Hausratversicherung hat die Versicherungsnummer: ■ Hausratversicherung

_____

bei:

_____

_____

_____

Meine Haftpflichtversicherung hat die Versicherungs-   ■ Haftpflicht-
nummer: versicherung

_____

bei:

_____

_____

_____

Meine Versicherungsnummer bei der   ■ Renten-
☐ Deutschen Rentenversicherung Bund   versicherung
  (früher: Bundesversicherungsanstalt/BfA)
☐ Deutschen Rentenversicherung Land / z. B. Nord,
  Hessen, Schwaben ... (früher Landesversicherungs-
  anstalt)

_____

6

☐ Deutschen Rentenversicherung Knappschaft-Bahn-See/
  Seemannskasse lautet:

_____

_____

■ Girokonten/
Darlehens-
verträge

Es bestehen Girokonten/Darlehensverträge auf meinen
Namen bei folgenden Banken und Sparkassen (Bankname,
evtl. Zweigstelle, Kontonummer bzw. IBAN/BIC):

_____

_____

_____

_____

_____

_____

_____

_____

■ Sparverträge

Es bestehen Sparverträge (Sparbücher, Festgeld, …) auf
meinen Namen bei folgenden Banken und Sparkassen
(Bank/Konto-Nr.):

_____

_____

_____

_____

_____

_____

_____

_____

_____

_____

_____

Die Sparbücher beziehungsweise Vertragsunterlagen befinden sich
☐ in meiner Wohnung

_____

☐ in einem Safe Nr.

_____

bei der Bank/Sparkasse

_____

☐ in meinem privaten Safe
Kenntnis darüber, wie sich der Safe öffnen lässt, hat:

_____

6

Über eine Vollmacht für den Banksafe verfügt:

_____

_____

■ Bauspar-
verträge

Ich habe einen/mehrere Bausparverträge bei folgenden
Bausparkassen (Bankname/n, Vertragsnummer/n):

_____

_____

_____

_____

_____

_____

_____

_____

■ Wertpapiere

Ich bin im Besitz von Aktien/Wertpapieren, die im Depot
bei folgender Bank beziehungsweise Sparkasse liegen:

_____

_____

_____

Ich habe eine Bürgschaft übernommen in Höhe von: ■ **Bürgschaften**

_____

für:

_____

_____

Es laufen Kreditverträge mit/in Höhe von: ■ **Kredite**

_____

_____

_____

_____

_____

_____

Es laufen Leasingverträge mit/für: ■ **Leasing-**
verträge

_____

_____

_____

_____

_____

6

_____

_____

_____

■ Verpflich-
tungen

Es gibt weitere Verpflichtungen gegenüber: (Grund/Höhe)

_____

_____

_____

_____

_____

_____

_____

_____

■ Vermieter,
Hausverwalter

Mein Vermieter

_____

_____

ist unter folgender Telefonnummer zu erreichen:

_____

Meine »Persönliche Identifikationsnummer« (Steuer-ID)
des Bundeszentralamtes für Steuern lautet:

☐☐ ☐☐☐ ☐☐☐☐☐

Meine Unterlagen für die Steuerklärung befinden sich:

_____

Ich bin Mitglied folgender sozialer Netzwerke im Internet
☐ facebook ☐ Google+ ☐ Twitter ☐ XING ☐ StayFriends

■ soziale
Netzwerke

☐ andere:

_____

Mein Passwort/Kennwort/Benutzername für:

_____

befindet sich:

_____

Mein Passwort/Kennwort/Benutzername für:

_____

befindet sich:

_____

Mein Passwort/Kennwort/Benutzername für:

_____

befindet sich:

_____

Mein Passwort/Kennwort/Benutzername für:

_____

befindet sich:

_____

6

Mein Passwort/Kennwort/Benutzername für:

_____

befindet sich:

_____

Mein Passwort/Kennwort/Benutzername für:

_____

befindet sich:

_____

■ Vereine

Ich bin Mitglied folgender Vereine:

_____

_____

_____

_____

_____

■ weitere
Notizen

_____

_____

_____

_____

_____

_____

EDWIN JEREMY
BAILEY
1949
1970
BATLEY

DONALD STEPHEN
WILLIAMS
* NEW YORK CITY 18 MAY 1958
† 23 JULY 1975
ON BREITHORN
I CHOSE TO CLIMB

EVEN SO SAITH THE
SPIRIT FOR THEY REST
FROM THEIR LABOURS

In memory of
DAVID ROBINSON
OF WAKEFIELD AND
BANGOR NORTH WALES
WHOSE UNTIMELY DEATH
AT THE AGE OF 24 YEARS
OCCURED WHILE DESCEND
-ING THE HORNLI RIDGE
HAVING CLIMBED THE
FACE OF THE

7
Service

DER TOD IST DER ANFANG
DER EWIGKEIT.

Der Tod im »world wide web«

In Zeiten, in denen Menschen im Weltraum beerdigt werden wollen, in denen das Internet nicht nur für Jüngere zum selbstverständlichen Arbeits- und Freizeitinstrument geworden ist, wundert es nicht, dass sich viele Seiten im »world wide web« (www) auch mit dem Tod beschäftigen.

Wer statt des Grabkreuzes aus Holz oder des Grabsteins aus Marmor lieber eine virtuelle Gedenkstätte haben möchte, kann sich von Angehörigen oder Freunden diesen letzten Wunsch erfüllen lassen.

Aber auch für ganz alltägliche Probleme finden Sie im Internet Antworten und Hilfestellungen. Von Fragen zu Organspende und Patientenverfügung über Gesetzes- und Richtlinientexte zur Bestattung und über Informationen zu Totengedenken und Trauerkultur bis hin zu Produktangeboten für Bestatter gibt es Informationen, Meinungen und Stellungnahmen.

Wir haben Ihnen deshalb eine Reihe von Internetanschriften zusammengestellt. Die Aufnahme in unsere Liste ist keine Qualitätsbewertung. Und wir können auch nicht garantieren, dass die Links alle noch funktionieren, wenn Sie sie anklicken. Denn das Internet ist ein Medium, das schnellen Veränderungen unterworfen ist.

Sollten Sie die eine oder andere Homepage nicht mehr finden, empfehlen wir Ihnen den Einsatz einer der deutschsprachigen Suchmaschinen (zum Beispiel google.de, bing.de). Wenn Sie dort die Stichworte Beerdigung, Tod oder Trauer eingeben, werden Sie eine Fülle von mehr oder weniger interessanten Links finden, die zum Teil auf andere Seiten weiterführen oder gar ausführliche Linksammlungen enthalten.

Leider ist – internet-typisch – nicht immer erkennbar, wer hinter den Seiten steht. Informationen sind nie wertfrei! Kommerzielle Interessen sind also nicht ausgeschlossen, wenn die Informationslieferanten sich hinter allgemein gehaltenen Webadressen verstecken und auch auf der Homepage keine Infos zu sich selbst geben. Wenn Sie trotzdem gerne wissen möchten, wer die Seiten betreibt, hilft oft ein Aufruf von denic.de. Bei Denic werden alle Adressen mit der Endung ».de« angemeldet. Unter www.denic.de, Domainabfrage können Sie den Namen in eine Suchmaschine eingeben und erhalten dann weitere Informationen. Für Adressen mit anderen Endungen (.com, .net, ...) können Sie unter www.uwhois.com suchen. Diese Webseite gibt es nur in englischer Sprache. Bei ausländischen Seiten erhalten Sie oft nur einen Hinweis auf den Registrar und nicht auf den Inhaber der Webseite.

Inzwischen müssen Betreiber von Webseiten in einem Impressum eine Reihe von Angaben über sich selbst machen. Allerdings wird nach unseren Recherchen diese rechtliche Verpflichtung immer noch nicht von allen Anbietern korrekt umgesetzt.

Organspende:
···⟩ www.organspende-info.de (Bundeszentrale für gesundheitliche Aufklärung)

Ausführliche Webseiten zum Thema Sterben, Tod und Trauer:
···⟩ www.stiftung-patientenschutz.de (u. a. Palliativversorgung, Hospize usw.)
···⟩ www.trauernetz.de (Evangelische Kirche)
···⟩ www.alpha-nrw.de (Ansprechstelle im Land Nordrhein-Westfalen zur Pflege Sterbender, Hospizarbeit und Angehörigenbegleitung)
···⟩ www.aeternitas.de

7

Verbände der Bestatter:

---> www.bestatter.de
(Bundesverband Deutscher Bestatter e. V.)

---> www.vdb-berlin.de
(Verband Deutscher Bestattungsunternehmen e.V)

---> Bundesarbeitsgemeinschaft Trauerfeier
(Zusammenschluss von Trauerredner/innen):
www.batf.de

Arbeitsgemeinschaft Friedhof und Denkmal:

---> www.friedhof-und-denkmal.de

Grabpflege:

---> www.grabpflege.de

Trauer:

---> www.veid.de (Bundesverband verwaiste Eltern in
Deutschland e. V.)

---> www.leben-ohne-dich.de (Forum für verwaiste Eltern,
die ihr Kind verloren haben.)

---> www.schmetterlingskinder.de

---> www.verwitwet.de (Verein für verwitwete Mütter und
Väter)

---> www.nakos.de (Nationale Kontakt und Informations-
stelle von Selbsthilfegruppen; Datenbank rote Adressen für örtliche Kontakte)

Museen

Wer sich davor fürchtet, Friedhöfe zu betreten, für den sind die nachfolgenden Hinweise sicher kein guter Freizeittipp. Denn in den genannten Museen treffen Sie auf »Kisten«, in denen die meisten von uns nur ungern liegen, auf Fahrzeuge für die letzte Reise und auf Bilder von Tod und Teufel.

Wenn Sie den Tod jedoch als etwas betrachten, das zum Leben dazu gehört, dann sollten Sie einen Besuch dieser Museen nicht scheuen. Sie finden eine Fülle von zum Teil überraschenden Informationen zu Vergangenheit und Gegenwart.

Museum für Sepulkralkultur Kassel
Weinbergstraße 25–27
34117 Kassel
Telefon: (0561) 9 18 93-0
www.sepulkralmuseum.de
täglich außer montags 10 bis 17, mittwochs 10 bis 20 Uhr
zeitweise Sonderausstellungen
Eintritt 6 Euro, zahlreiche Ermäßigungen; Führung nach Voranmeldungen gegen Zusatzgebühr

Museum Friedhof Ohlsdorf
Fuhlsbüttler Straße 756
22337 Hamburg
Telefon: (040) 50 05 33 87
www.fof-ohlsdorf.de/museum
Montag, Donnerstag, Sonntag
10 bis 14 Uhr
zeitweise Sonderausstellungen
Eintritt frei

Bestattungsmuseum Wien
bis Ende September 2013:
Goldeggasse 19
1041 Wien
Österreich
Telefon: +43 (0)1 50 19 50
Montag bis Freitag (außer an Feiertagen) 12 bis 15 Uhr
Telefonische Voranmeldung erforderlich, Besichtigung nur
im Rahmen einer Führung
Eintritt 4,50 Euro inkl. Führung
www.bestattungwien.at (···⟩ Wissenswertes ···⟩ Bestattungs-
museum)
Neueröffnung voraussichtlich September 2014: Aufbah-
rungshalle 2, am Wiener Zentralfriedhof

Sammlung Friedhof Hörnli
Hörnliallee 70
4125 Riehen (bei Basel)
Schweiz
Telefon: +41 (0)61 6 01 50 68
www.museenbasel.ch (···⟩ Museen A–Z)
Jeder erste und dritte Sonntag im Monat 10 bis 16 Uhr,
außer an Feiertagen
Eintritt frei

National Funeral Museum
Victoria House
10 Woolwich Manor Way
London E6 5PA
Großbritannien
Telefon: +44 (0)20/7 476/18 55
Besichtigung der Sammlung nur mit Voranmeldung

Kegyeleti Múzeum
Fiumei út 16. C épület
1086 Budapest
Ungarn

Telefon: +36 (0)1 3 23 51 32
www.btirt.hu
Montag bis Donnerstag 10 bis 15 Uhr, Freitag 10 bis 13 Uhr

Außerdem gibt es noch es noch ein Leichenwagenmuseum
in Barcelona:

Museu de Carrosses Fúnebres
Sancho de Avila 2
08018 Barcelona
Spanien
Telefon: +34 9 34 84 17 00
Montag bis Sonntag 10 bis 13 Uhr und Montag bis Freitag
16 bis 18 Uhr
Eintritt frei
www.sfbsa.es

Alle genannten Museen gehören der Vereinigung
»European Federation of Funeral Museums« an.
Zu dieser Vereinigung gehört auch noch das

Nederlands Uitvaart Museum Tot Zover
Kruislaan 124
1097 GA Amsterdam
Niederlande
Telefon: +31 (0)20 6 94 04 82
Dienstag bis Sonntag 11 bis 17 Uhr
Eintritt 5,50 Euro
www.uitvaartmuseum.nl

Öffnungszeiten, Anschriften und Telefonnummern ändern
sich zwar nicht so schnell wie Internetadressen, doch auch
sie sind dem Wandel unterworfen. Bevor Sie zum Beispiel
auf die Reise zu einem der genannten Museen gehen, informieren Sie sich bitte über die aktuellen Öffnungszeiten!
Viele Museen sind an Feiertagen geschlossen.

Verbände

Bundesverband Deutscher Bestatter e. V.
Volmerswerther Straße 79
40221 Düsseldorf
Telefon: (02 11) 1 60 08-10
www.bestatter.de

Schlichtungsstelle
Kuratorium Deutsche Bestattungskultur e. V.
Volmerswerther Straße 79
40221 Düsseldorf
Telefon: (02 11) 1 60 08-40
www.bestatter.de

Arbeitsgemeinschaft Friedhof
und Denkmal e. V.
Weinbergstraße 25–27
34117 Kassel
Telefon: (05 61) 9 18 93-0
www.sepulkralmuseum.de

Besuch auf Friedhöfen

Für manche Menschen mag es ein Graus sein, für andere gehört es zur selbstverständlichen Reiseplanung: Ein Besuch auf Friedhöfen zeigt viel über die Menschen und die Kultur eines Landes.

So ist beispielsweise der Hamburger Friedhof Ohlsdorf mit 36.000 Bäumen, 15 Teichen und einem Naturlehrpfad nicht nur weitläufigster Park der Hansestadt, sondern mit seinen historischen Grabstätten und der eindrucksvollen Gartenarchitektur auch Kulturdenkmal. Mit einer Fläche von 400 Hektar ist Ohlsdorf – nach eigenen Angaben – der größte Parkfriedhof der Welt!

Mehr als zwei Millionen Besucher pro Jahr kommen mit Sicherheit nicht nur wegen ihrer Angehörigen oder Freunde, sondern auch, um die Gräber von Hans Albers, Wolfgang Borchert, Gustav Gründgens, Carl Hagenbeck, Inge Meysel, Henry Vahl oder eines der vielen anderen Prominenten zu besuchen. Über den Friedhof führen nicht nur mehrere nach Themen gegliederte »Wanderwege«, sondern auch zwei Buslinien (www.friedhof-hamburg.de/ ohlsdorf).

7

Kein sehr großer Friedhof, aber einer mit herausragender kunsthistorischer und auch kultureller Bedeutung ist der Dorotheenstädtische Friedhof in Berlin-Mitte an der Chausseestraße. Er wurde bereits 1762 angelegt und bis 1826 mehrmals vergrößert. Der Friedhof ist letzte Ruhestätte einer Vielzahl von Künstlern, Schriftstellern, Musikern und anderer historischer Persönlichkeiten. Hier finden Sie auch die Grabstätten der Philosophen Hegel und Fichte.

Auf dem Friedhof liegen zum Beispiel Johannes R. Becher, August Borsig, Bertolt Brecht, Paul Dessau, Hanns Eisler, Fotograf John Heartfield, Heinrich Mann, Karl Friedrich Schinkel, Anna Seghers, Helene Weigel, Arnold Zweig, ...; und aus neuerer Zeit: Heiner Müller, Bernhard Minetti und der ehemalige Bundespräsident Johannes Rau.

Sehenswert ist auch der Wiener Zentralfriedhof, der 1874 eröffnet wurde und Grabstätten aller Konfessionen umfasst. Dort trifft man nicht nur auf Trauerzüge, sondern auch auf jede Menge Touristen, die es vor allem zu den Gräbern von Ludwig van Beethoven, Johannes Brahms, Franz Schubert, Johann Strauss und zum Grabmal von Wolfgang Amadeus Mozart zieht. Letzterer ist hier allerdings nicht begraben. Ein Denkmal erinnert an ihn (für Besucher: alle genannten Gräber liegen in der Gruppe 32A). Rund 1.000 Ehrengräber und ehrenhalber gewidmete Gräber gibt es auf dem Wiener Zentralfriedhof, dem mit 2,5 Millionen Quadratmetern zweitgrößten Friedhofs Europas. Ein Gang über diesen Friedhof ist auch ein Gang durch die Geschichte unseres Nachbarlandes. Informationen zur Lage der Ehrengräber gibt es sowohl unter www.friedhoefewien.at als auch unter www.viennatouristguide.at.

Wer Paris besucht, findet auf dem am 21. Mai 1804 eröffneten Friedhof Père Lachaise ebenfalls eine Reihe von Gräbern Prominenter: Honoré de Balzac, Georges Bizet,

Frédéric Chopin, Max Ernst, Jim Morrison, Michel Petruc-
ciani, Édith Piaf, Marcel Proust, Gioacchino Rossini, Ger-
trude Stein, Oscar Wilde sowie Simone Signoret und Yves
Montand haben hier ihre letzte Ruhestätte. Fall Sie ein
bestimmtes Grab suchen, können Sie im Internet unter
www.pere-lachaise.com einen Plan aufrufen.

Adressen der Verbraucherverbände

Verbraucherzentrale
Baden-Württemberg e. V.
Paulinenstraße 47
70178 Stuttgart
Telefon: (0 18 05) 50 59 99
(0,14 €) min., Mobilfunkpreis
maximal 0,42 €) min.)
Fax: (07 11) 66 91-50
www.vz-bawue.de

Verbraucherzentrale Bayern e. V.
Mozartstraße 9
80336 München
Telefon: (0 89) 5 39 87-0
Fax: (0 89) 53 75 53
www.verbraucherzentrale-
bayern.de

Verbraucherzentrale Berlin e. V.
Hardenbergplatz 2
10623 Berlin
Telefon: (0 30) 2 14 85-0
Fax: (0 30) 2 11 72 01
www.vz-berlin.de

Verbraucherzentrale
Brandenburg e. V.
Templiner Straße 21
14473 Potsdam
Telefon: (03 31) 2 98 71-0
Fax: (03 31) 2 98 71-77
www.vzb.de

Verbraucherzentrale
des Landes Bremen e. V.
Altenweg 4
28195 Bremen
Telefon: (04 21) 1 60 77-7
Fax: (04 21) 1 60 77 80
www.verbraucherzentrale-
bremen.de

Verbraucherzentrale
Hamburg e. V.
Kirchenallee 22
20099 Hamburg
Telefon: (0 40) 2 48 32-0
Fax: (0 40) 2 48 32-290
www.vzhh.de

Verbraucherzentrale
Hessen e. V.
Große Friedberger Straße 13–17
60313 Frankfurt) Main
Telefon: (0 18 05) 97 20 10
(0,14 €) min., Mobilfunkpreis
maximal 0,42 €) min.)
Fax: (0 69) 97 20 10-40
www.verbraucher.de

Verbraucherzentrale Mecklenburg-Vorpommern e. V.
Strandstraße 98
18055 Rostock
Telefon: (03 81) 2 08 70 50
Fax: (03 81) 2 08 70 30
www.nvzmv.de

Verbraucherzentrale
Niedersachsen e. V.
Herrenstraße 14
30159 Hannover
Telefon: (05 11) 9 11 96-0
Fax: (05 11) 9 11 96-10
www.verbraucherzentrale-
niedersachsen.de

Verbraucherzentrale
Nordrhein-Westfalen e. V.
Mintropstraße 27
40215 Düsseldorf
Telefon: (02 11) 38 09-0
Fax: (02 11) 38 09-216
www.vz-nrw.de

Verbraucherzentrale
Rheinland-Pfalz e. V.
Seppel-Glückert-Passage 10
55116 Mainz
Telefon: (0 61 31) 28 48-0
Fax: (0 61 31) 28 48-66
www.verbraucherzentrale-rlp.de

Verbraucherzentrale des
Saarlandes e. V.
Trierer Straße 22
66111 Saarbrücken
Telefon: (06 81) 5 00 89-0
Fax: (06 81) 5 00 89-22
www.vz-saar.de

Verbraucherzentrale
Sachsen e. V.
Katharinenstraße 17
04109 Leipzig
Telefon: (03 41) 69 62 90
Fax: (03 41) 6 89 28 26
www.verbraucherzentrale-
sachsen.de

Verbraucherzentrale
Sachsen-Anhalt e. V.
Steinbockgasse 1
06108 Halle
Telefon: (03 45) 2 98 03-29
Fax: (03 45) 2 98 03-26
www.vzsa.de

Verbraucherzentrale
Schleswig-Holstein e. V.
Andreas-Gayk-Straße 15
24103 Kiel
Telefon: (04 31) 5 90 99-0
Fax: (04 31) 5 90 99-77
www.verbraucherzentrale-sh.de

Verbraucherzentrale
Thüringen e. V.
Eugen-Richter-Straße 45
99085 Erfurt
Telefon: (03 61) 5 55 14-0
Fax: (03 61) 5 55 14-40
www.vzth.de

Verbraucherzentrale
Bundesverband e. V.
Markgrafenstraße 66
10969 Berlin
Telefon: (0 30) 2 58 00-0
Fax: (0 30) 2 58 00-518
www.vzbv.de

7

Stichwortverzeichnis

Impressum

Herausgeber

Verbraucherzentrale Nordrhein-Westfalen e. V.
Mintropstraße 27, 40215 Düsseldorf
Telefon: (02 11) 38 09-0, Telefax: (02 11) 38 09-172
E-Mail: ratgeber@vz-nrw.de
www.vz-nrw.de

Mitherausgeber

Verbraucherzentrale Baden-Württemberg
Paulinenstraße 47, 70178 Stuttgart
Telefon: (07 11) 66 91-10, Telefax: (07 11) 66 91-50,
www.vz-bawue.de

Verbraucherzentrale Hamburg e. V.
Kirchenallee 22, 20099 Hamburg
Telefon: (0 40) 2 48 32-0, Telefax: (0 40) 2 48 32-290
www.vzhh.de

Verbraucherzentrale Bundesverband e. V.
Markgrafenstraße 66, 10969 Berlin
Telefon: (0 30) 2 58 00-0, Telefax: (0 30) 2 58 00-218
www.vzbv.de

Text	Lothar Heidepeter, Neuss
Lektorat	Wibke Westerfeld
Gesamtproduktion	HPPR Werbeagentur, Neuss, www.hppr.de
Fotos	© Lothar Heidepeter, Neuss
Redaktionsschluss	Juli 2013
Druck	Aalexx Buchproduktion, Großburgwedel

Gedruckt auf 100% Recyclingpapier

Noch Fragen?

Die Beratung der Verbraucherzentralen

Die Experten der Verbraucherzentrale beraten Sie individuell, kompetent und unabhängig – unter anderem zu folgenden Themen:

- Energie
- Recht
- Geld und Kredit
- Immobilienfinanzierung
- Versicherungen
- Gesundheit und Pflege
- Medien und Telekommunikation

www. Alle Informationen über eine persönliche Beratung erhalten Sie unter **www.verbraucherzentrale.de** oder in Ihrer Beratungsstelle.